U0533566

图书在版编目（CIP）数据

格言：书信·十年精编 / 格言杂志社编著. -- 南京：凤凰出版社，2012.5
ISBN 978-7-5506-1270-9

Ⅰ．①格… Ⅱ．①格… Ⅲ．①格言－汇编－世界 Ⅳ．①H033

中国版本图书馆CIP数据核字(2012)第058270号

---

| 书　　　名 | 格言：书信·十年精编 |
|---|---|
| 著　　　者 | 格言杂志社 |
| 版式设计 | 张津楠　张冬冬 |
| 责任编辑 | 张叶青 |
| 出版发行 | 凤凰出版传媒集团 |
|  | 凤凰出版传媒股份有限公司 |
|  | 凤凰出版社 |
|  | 北京凤凰天下文化发展有限公司 |
| 出版社地址 | 南京市中央路165号，邮编：210009 |
| 公司网址 | 北京凤凰天下网 http://www.bookfh.cn |
| 印　　　刷 | 北京泽宇印刷有限公司 |
|  | 北京市怀柔区庙城镇王史山村，邮编：101401 |
| 开　　　本 | 730×1030mm 1/16 |
| 印　　　张 | 9 |
| 字　　　数 | 210千字 |
| 版　　　次 | 2012年4月第1版 2012年6月第2次印刷 |
| 标准书号 | ISBN 978-7-5506-1270-9 |
| 定　　　价 | 18元 |

（本书凡印装错误可向发行部调换，联系电话：010-58572106）

# 目录
## CONTENTS

| | |
|---|---|
| 素　笺 | 4 |
| 家　书 | 18 |
| 恋　曲 | 38 |
| 知　音 | 52 |
| 尘中缘 | 64 |
| 启　迪 | 76 |
| 诫　勉 | 88 |
| 思　絮 | 102 |
| 幽　谈 | 116 |
| 万物声 | 130 |

**总监制** 李彤　**总策划** 谷雨　**执行主编** 李鹏程　**执行副主编** 宋考凤　金越

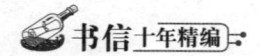

# 谁为流沙细数年华

◎君 羽

梓阳：

　　见字安。

　　距离上次我们彼此平静地坐下来谈心是什么时候的事情了？时间久得都让我对我们谈话的内容有些模糊了。

　　所以，我想，你可能也忘记了吧。

　　其实，现在的我们根本没有资格去谈遗忘。当我用尽所有的理由和借口，为自己的薄凉去辩驳我根本就未曾忘记的那段时光时，它就已经死在了襁褓里面。

　　这一年多来，我们早就各奔天涯。为了高考、为了大学，我们在不同的学校埋头苦读。

　　即使见面，也只是每个周末回家匆匆地打了一个照面就各自进了家门，然后亮起房间的灯开始学习。连一句简单的"你好"都不曾说过。

　　仅仅是彼此微笑着点点头，生疏而淡漠。以至于我开始怀疑，我们当年一起坏坏地看别人坐冷板凳的日子，都是我一个人在梦境里生造出来的，有的只是一场盛大的繁华。

　　只是为什么这段我如此不确定的日子里面，我至今回忆起来都充满了鼓鼓囊囊的温暖呢？

　　我记得我们近来最长的一次谈话是这样的。

"回家了？"

"嗯。"

"在学校里面成绩怎么样？"

"挺好的，都挺好的。"

我不知该怎样去回答你，在脑子里面模拟出来无数个回答都被一一推翻，最后只得用了这么几个苍白冷淡的字眼。

其实这句话，更加像是说给自己听的。真的，一切都挺好的。除了一个人吃饭，一个人走路回寝室，一个人埋头写作业以外，一切都是挺好的。

"哦。"你仅仅是点了点头，就转身进了自己的家门，你们家的灯光透过窗户，照亮了门外水泥地的一小段距离。

你连一句"再见"都没有说，同样，我也没有。不是来不及，而是不愿。怕说出来，我们之间就真的隔出一道厚墙来。我不禁打了一个寒战。

在这个时候，我心里仍会觉得很难过。但是，其实自己应该明白，曾经美好的岁月都是建筑在自己懵懂无知以及对一切充满了热忱和激情之上的。

如果失去了这些带着鲜明的青春色彩的情感的庇佑，我们之间的感情便脆弱得一碰即碎，像是蝶翅，美丽却柔弱不堪。我们的盛情一直是踮着脚在蝶翅上起舞，摇摇欲坠。

就像是你现在留给我的生硬的背影，和一闪而过的一小段时光。不过须臾，转瞬即逝。

我站在门口忘记了敲门，直至妈妈发现了我给我开了门，心疼并且大声地说道："哎哟，我的囡囡哟，怎么站在门口，也不进来？"这个时候我才缓过神来。

在妈妈打开门的那个瞬间，我觉得有一阵风穿心而过。我的心里像是下了一场最锥心刺骨的小雪，呵气成霜。

我在日记里面伤春悲秋，不停地写着过往和现实。

我们之间构筑起一个巨大的城墙，我们生活在城墙的两边，除了那些高高垒砌的石头，我们的生活没有任何交集，听不见也感受不到彼此的伤心、难过、快乐、兴奋……这些那些知名或者不知名的情绪，而且我们也不曾努力试图去推翻它。

我想我是极度渴望回到彼此那段不谙世事的年纪的，那个时候，时光错落成一片一片浅绿色的树影，曾经那些虚妄深刻的情绪被时光打磨得失去了棱角，但是里面包含着的美好温柔却也是沉甸甸的。

我不知道能否告诉自己，我们还拥有一个未来。

在以后彼此都各自婚嫁，各自拥有孩子的时候，还能不能像小时候那样，无拘无束、无所顾忌地讲我们一起经历的那段时光，那段错落成一片树影的时光？

我亲爱的梓阳，洋洋洒洒写了这么多，我只想作最后一次的努力。

我想要努力，努力将时光倒转。如同一个圆，经历了一段漫长的曲折，终于回到了原地。

（摘自《80后》2011年第2期，稀释深蓝图）

这种时候因着不同的契机到来，有时候是亲人的离去，有时候是失恋，有时候是高考失败，有时候就是和周围的环境格格不入……和某个人合不来，其实没有什么大不了，这根本就是正常的事情。你不可能和每个人都合得来。

不是每份善意都能得到善意的回报。这是个凶险的世界，每份善意都有被辜负的危险。你的霸道女友辜负了你的善意、包容和等待，错过你是她的损失。不过世界上就是有这样的人存在的，不要睬她就是了。

亲爱的，你不要强迫自己去和别人合得来，也不能强迫别人来喜欢你。根本不必。

我知道，你担心你和她的不愉快会让其他人对你有看法。实际上没有那么可怕，你控制不了别人的想法，她也不能。

而且如果你一直很在意任何一个别人的看法，那真的会累死。尊重自己的感觉才是更重要的，你爱的那些人，他们对你的看法才是重要的。一个不相干的人怎么看你，你可以听一听，看看有没有合理的部分，如果没有，就忘掉吧。

人越长大，越会接近一个真相：不是每个人都喜欢自己。被喜欢是多么重要的自我肯定，但是如果对方不回应，不是因为你做错了什么。真的不是因为你不够好。

我想，你现在有些讨厌她吧？亲爱的yanyan，对待一份关系，你得学会不怕讨厌人，也不怕被人讨厌。当你确定了自己的原则之后，不要一再地退让，学会说不，学会做自己，学会执行自己的原则。不能为了企图被喜欢来损害自己的原则，这样做会让你自己不喜欢自己。

我知道我们从小受到的教育正好相反，提倡保持表面上的和平，压抑自己真正的想法。所以你一忍再忍，真的不必。

我不是说你应该和她吵架，而是你要学会坚定自己的立场。我们都太习惯把自己的心丢给别人去处置了，似乎别人觉得我们不好，我们就真的不好了。

德国人对朋友有三种分类：Bekannte, Freunde, Gute Freunde。

Bekannte就是可以吃吃喝喝的朋友，有共同爱好可以说说话聊聊天的人，这样的朋友每个人都有一堆。Freunde就是可以信赖的朋友，你倒霉的时候他会在那里帮助你，你对他也是一样，这样的朋友不多。Gute Freunde是亲人一样的朋友，是无论你在何种境地都会站在你这一边的人，也是你可以无条件地站在他一边的人，这样的好朋友叫做死党。

每个人都想要很多爱很多温暖，你得找到和你频率相合的人才会快乐。而那些讨厌我们的人，反正都是路人，没有必要在意，也不用取悦他们。其实你甚至应该谢谢她，因为她让你知道什么样的人不值得你付出友情。因此我们要加倍珍爱那些真正喜欢的人。

亲爱的，一个真正长大的人，他知道自己是怎样的人，他不为其他人轻易动摇自己的原则。他知道如果明天火星撞地球世界终结，他应该和谁打电话说再见，和谁一起度过最后的夜晚。如果你一定要换寝室，也请你有所准备。生命中的喜欢和讨厌总是如影随形。孤独让人知道什么对自己是真正重要的。

经历过那段幽暗隧道的人们深深明白温暖和光亮的珍贵。在感觉寒冷的时刻，请相信前面有光。

你的同路人 奇岚

（摘自《新一代》2009年第10期，沈骋宇图）

# 如果你喜欢了一位偶像

◎ 蔡康永

如果你喜欢了一位偶像，请你一定要去看一场他的演唱会，亲自去，要亲眼看看他。

因为舞台上的生命可能持续很久，也可能转瞬即逝。你不知道他属于哪一种。

你无法预测那发光发热的时间究竟还有多少，你猜不到下一秒他会消失到哪里去。

你什么都不知道，什么都无法把握，他是你感知世界里无可取代的全部，但他也是你未知世界里永无交集的一点。

如果你喜欢了一位偶像，请你一定要让妈妈知道，因为妈妈是最爱你的人，而你也深爱着她。一个很近，一个很远，而你是将两个无关联的生命体糅合于同一空间的凝结点。

告诉她，你很喜欢他，甚至爱他，也许不被理解，就算不理解，也落得个心安。

不需要太刻意太直接，可以是个简单的暗示："妈妈，看，觉得他怎样？是很棒的一位歌手哦。"让心爱的他若有若无，自然而然地在妈妈眼前浮光掠影而过，留下片刻印象。

如果你喜欢了一位偶像，请你一定要为他写一些文字，不追求华美，不强求确凿，只要记录你所有的思念与战栗，所有的真实与感悟，所有的明媚与忧伤。

爱如水一般漫延，浸过你的神经，划过你的指尖，温柔地抚过你敏感的心。

多多少少也要写点儿关于他的文字，零零碎碎地记下自己的心路历程，别让心情在岁月中灰飞烟灭，云消雾散。不求深刻，但求简单，记下活在你的世界中的他。

如果你喜欢了一位偶像，请你一定认真地喊一遍他的名字，用含糊的、哽咽的、明朗的、虔诚的、温柔的、宠溺的声音。

在每一个平常的日子里，在每一个心慌意乱的瞬间，在每一个患得患失的叹息间，在每一个幸福感动的晕眩间，在每一个想念他的夜晚，轻轻地喊他的名字，认真地发好每一个音调，屏住呼吸读出，一个念头升起又落下，道出刻骨铭心的覆水难收。

如果你喜欢了一位偶像，请你一定为了他更好地学会生活。

那个已经慢慢渗入你的生活点滴的男孩子，那个使你常常热泪盈眶的男孩子，那个笑容干净而甜美的男孩子，那个无论如何长大你始终只愿叫他孩子的男孩子。

你在最美丽的时刻遇见了那个最优秀的男子，但是上帝没有让你们彼此相遇。

他在那个最绚烂的舞台，光华交汇，歌舞升平，绝世华丽；而你在最普通的街头，行色匆匆，人头涌动。两点之间的距离仅仅是思念，仿佛触手可及，却又遥不可及。

如果你爱他，请你也为他好好寻找自己生活的支点，不要为他迷失了既定的轨道，关掉电脑的片刻回归平静，担当起原来的角色，从哪里来到哪里去。

因为你深爱的他是一个如此心高气傲的人，他用力诠释着自己的不甘心，用力将自己最好的一面展现，所以你也用尽全力爱着他。

因为爱他就等于爱着你自己，爱着因为他而变得更加温柔的自己。爱他，是本性，是注定，更是天然。

要对得起自己的人生，就要尽量给别人的人生添加美好的成分，拼命地挽留自己遇到的美好的东西，拼命挽留。他一样，你也如此。

（摘自《少年文艺（阅读前线）》2011年第4期）

# 哀恸有时，跳舞有时

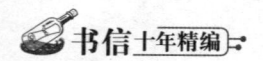

◎木 木

亲爱的木木：

我是一个还没有谈过恋爱的大学生。大学期间我组了个非常小的乐队。我一直以为我爱上了我的师父——仅仅是暗恋。后来他毕业了，时间冲淡感情是必然的吧，这让我难过。怀着满腔的爱，却没有人可以爱，即便一直苦苦暗恋，也不比无人可爱更让人难过。

也有人对我说："我喜欢你。"但他又同时说："你们两个我都喜欢。"这让我莫名其妙，以前我以为感情是可以算得明明白白的一笔账，但现在我怀疑是不是一定可以遇到能相伴一生的人。周围的朋友渐渐有所归属，我觉得被排斥在所有人之外了，以前无话不说的人相继恋爱后，和我成了无话可说的人。同学聚会时，虽然围坐一桌，但我却觉得和他们像是两个世界的人。

我不能再那么依赖友情了，我渐渐明白友情不是可靠的东西，虽然它仍然必要。真正可靠的是自身素养的提高，我过于沉溺在"和乐融融大家庭"的假象当中了，好像有一点儿丧失了独立性。

新的一年到了，我希望能找回全新的完整的自己。

小扣

亲爱的小扣：

香港独立乐队My little airport唱过一首歌，有句歌词是这样的：You do not wanna be my girlfriend, Phoebe, you just wanna show your beauty, Phoebe——她谈恋爱，只是为了展示自己有多美丽。

我觉得你的想法和Phoebe是一样的。我基本上认为每一个青春期的孩子都有过无比相信自己的美丽，却无从展示自己的美丽，好不容易展示出来又怀疑没人看懂了你的美丽——那样又孤独又神伤，既委屈又彷徨的时光。

世界上有什么是真正可靠的？按照你的结论：爱情，除非相伴一生；友情，除非没完没了，否则都是不可靠的；可靠的是完整而独立的自我。我倒也没法说你这结论是错误的，但它显然是悲哀的。这就好比镜子里脸上的青春痘，你可以不看，但它还是红红地长在那里。

剧作家尤金·奥尼尔说："我们生下来就是破碎的，我们在修补中活着。"所以我的意见是，亲爱的，你当然可以骄傲地宣告独立，但是你一个人是没法完整的。你要在漫长的生命中这儿一片那儿一片地找到你自己，然后这儿一针那儿一线地缝起来。爱情、友情，无论最终是否失败，或者令人失望，都是让你找到完整的自己的必经之途。

独立也是好东西，然而不管你宣告得多么大声，在爱情和友情失败之后决定缩回自我，并不是独立。真正独立的人，在热恋之中也能看到自我。

人生是一个不断发现自己、找到别人的过程！不要把自己蜷缩起来，不要轻易否定失败了的历程。《圣经》中说"哀恸有时，跳舞有时"，是告诉我们，生命有它自己的进程。

我建议，跳舞的时候要微笑，哀恸的时候可以擤鼻涕。

木 木

（摘自《南方人物周刊》2009年第2期）

# 未来，在原点重聚

◎ 淡 墨

一直小心翼翼地维护与你的友谊，就像维护自己的手足。不是独生子女的你，理不理解这份感情？

也许，在你看来，我只是身在福中不知福的富家子弟。可你知道吗？兴趣班是我爸爸给报的，因为没有特长就进不了理想的小学、理想的中学、理想的大学。我不明白，未来那么远，有变化莫测的可能性，为什么要预支我的人生？

可大人说了，"我们是为了你好"。于是，大多数的周末，我便在琴房里和妈妈的单车上度过了。常常看见商店的橱窗上映出一个小琴童的身影，我暗想，他孤独吗？他怨恨吗？

这时候，你在哪里呢？你还在村小学的操场上，与同学们跳绳、撞拐、快乐地玩泥巴。"奥数"的战场离你很远，"素质教育"也是遥远的名词——贫苦中的"自由"，很难得呢。

付出，不是全无回报。若干年后的同学会，女生们微红着脸提起，进清华附中的男孩，都是神！她们夸张地说。做神仙真的很酷吗？有什么比得上做一个真正的我重要？

所以，当你听见我感叹"高中才开始上晚自习，多幸福啊"，千万别觉得我惺惺作态，就像看到你冬天穿一件衬衫、大摇大摆地行走在寒风中时，我的惊叹也是由衷的一样。

现在，当我们在这场国际金融风暴里为将来布局时，间或陷进对往事的追忆里，相互捶一拳、骂一声："你有我苦？少装！"

苦难一旦被战胜，就不再是苦难，而是向世界证明自己的资本：我来了。对于出生地不同的同龄人而言，苦难有不一样的含义：有"劳其筋骨，饿其体肤"型的，也有"苦其心志，空乏其身，行拂乱其所为"型的，前者陷入交不起学费的窘迫，后者可能陷入别样的迷茫。

迷茫是青春病，不为出生地拘役，不因你是"城市人"或"农村人"而轻判。时代的命运和苦痛，也是由一代人共同承载的。

就这样，在短暂的时光交汇中，我们相逢，在瑕瑜互见中达成片刻的了解，又迅速地分道扬镳。

你的目标是迅速地攒够20万，娶妻生子，回馈父老。我呢，房子或许不是目标了，但实现自我的苦楚仍时时困扰：一个进退维谷的小公务员，一个目睹不平之事却又不能说的郁闷小青年……

漠不关心、不问世事、寂寞、风流、逍遥游，成了我的外壳，正如努力挣钱、买田置地，成了你的外壳。我们假装卖力地向对方划去，内心却异常明白："对方绝不是自己的彼岸。"

彼岸是什么？彼岸不分城市与农村。家园的美丽、洁净是一致的，我到你家去，看到水、电、道路都通了，村庄回归原有的模样，池塘不会变成露天垃圾场；而你到城里来，也不会抱怨人口密度太大，晚上看不见星星，天空是蓝的，人心是静的，市民们脚步悠然。

彼岸是毕业生不为谋生而留京留沪，也不因对房价绝望而萧索地返乡。去或者留，只因为喜欢不喜欢。生活上不用担心，大城市和小村庄，不会差得太多，性价比十分相宜。然而，彼岸绝不是轻易能到达的。它可能穷尽我们的一生，但奋斗终究值得。

向着一个大方向各行其事，是新族群的烙印与特征。只有你"沉重"的一半，或者只有我"轻盈"的一半，都是不完整的。让我们从地球上的同一个点出发，一个向左，一个向右，渐行渐远，山高水长。

大学毕业啦！有一天，我们终将在原点上重聚。

（摘编自2009年7月9日《中国青年报》）

父母与孩子之间，能有什么苦大仇深呢？我小时候干过那么多坏事，如今爸妈仍说我是个比较乖的小孩，而我也从不再记恨因为撒谎被妈妈揍、因为偷懒被爸爸教训，那些曾经发誓要牢牢记住一辈子将来还要"报仇雪恨"的事。当恢复平和心态，我发现在我的生活中，没有人能替代他们。

我充分地相信，所有的父母都是爱孩子的，而教育方法本身也没有对错之分。父母总希望孩子能按照他们的意愿成长，但父母的希望，却总是让孩子感到深深失望。

我觉得，在这一点上，我爸爸就做得非常好。他说，在塑造一个儿童时，一定不要违背他本身的生长愿望。所以，在我小时候，除了在少年宫上过两个月的素描班外，几乎从未上过任何补习班。有时候，我也会心虚地认为自己是爸爸教育出来的失败物。每当我迷茫、怠惰地向爸爸妈妈讲述我的自卑时，他们都会情深意切地对我说"孩子，不怕的，慢慢就好了""你的独立精神和乐观态度令人赞叹啊"。亲爱的爸爸妈妈，你们给予我的这份沉甸甸的爱，让我充满了信心和力量，我要为了你们成为更好的人。

那些迷茫的叔叔阿姨，永远不要认为你的"小白菜"是个恶魔，他只是个因爱而生、手无缚鸡之力的小天使。所以，当他向你诉苦时，请你一定要安慰他。同时，也不要因为他加入了"父母皆祸害"小组，就认为自己是个不折不扣的祸害。

我很喜欢幾米的一部手绘本，《我的错都是大人的错》。我想，这段话表达了包括小白菜们在内的所有孩子对于父母最热切的心声："当我为你歌唱时，请别挑剔我五音不全；当我为你写诗时，请别嫌弃我言语乏味……请告诉我，只要是我为你做的一切，全都令你感到幸福。"

我知道我不是一个完美的小孩，但你们也从来不是完美的父母，所以我们必须相互容忍，辛苦且坚强地活下去。

（摘自2010年12月8日《中国青年报》，王华图）

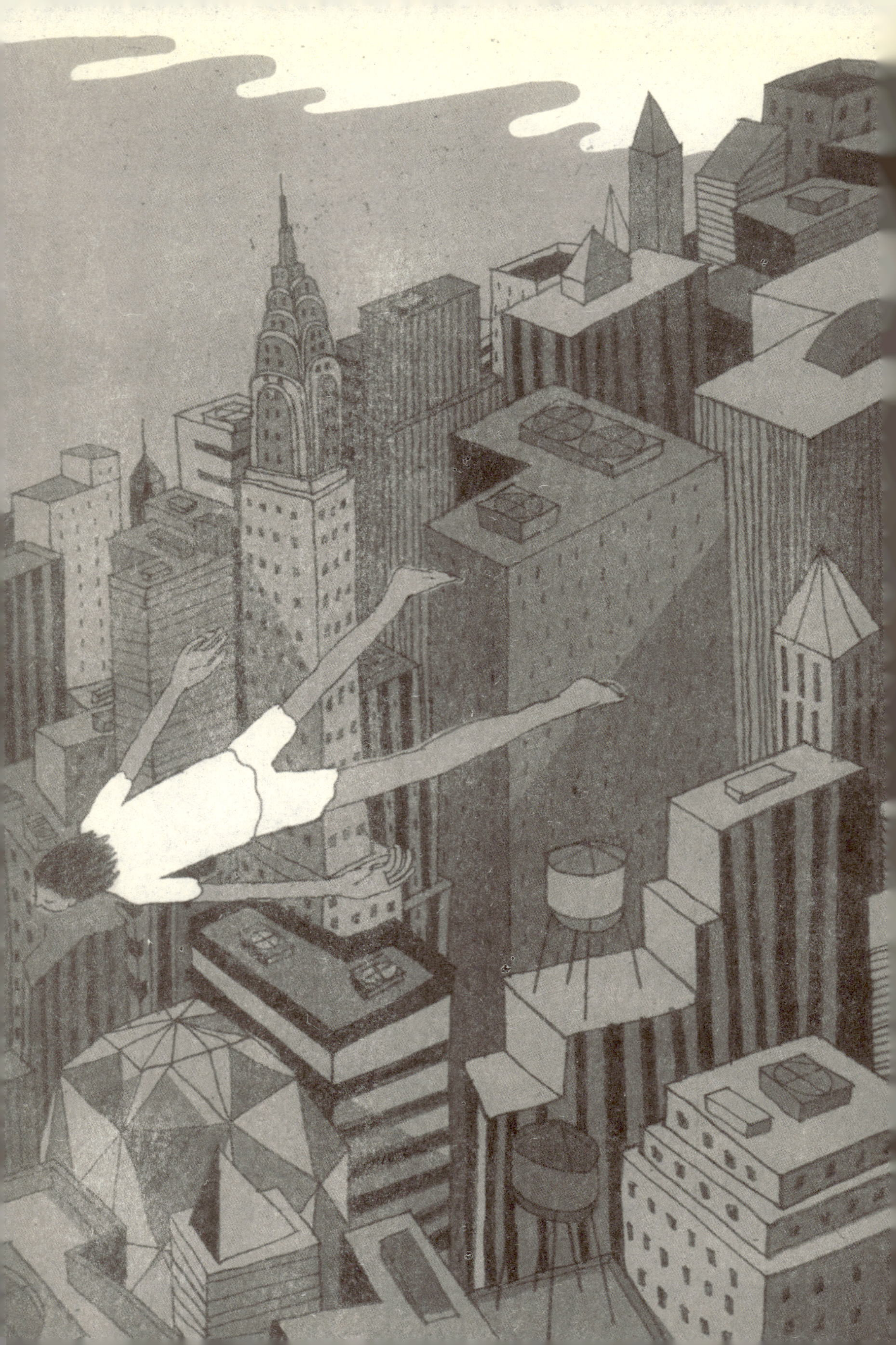

# 家书

  独处异乡,在渐起的秋风里,母亲捎来添衣的叮咛,驱散入冬的寒意;成长坎坷,在前行的彷徨中,父亲寄来坚强的鼓励,自此不再畏惧。烽火岁月里,便有"家书抵万金"的珍贵。时代变换,不同的是那一枚来自故乡的洁白信笺,字里行间,织的是关怀;欲语还休,隐藏的是思念。

臭小子：

你又要考试了，你妈成天聒噪着要我给你说些鼓励的话，老子白眼一翻，只要手中有棒子，比啥鼓励的话都管用！我小时候也没人给我鼓励鼓励，不也是金榜题名吗？

说实话，老子是在吹牛。如果有测谎仪，估计都炸过几回了。我有时蠢得连自己都不敢相信，别人费尽口舌，我还是睁着双白痴的眼睛，怎么听都如坠雾中。考试时希望有醍醐灌顶的顿悟，发卷时却有着咬舌自尽的冲动。

遭遇的尴尬太多了，以致我变得比较歹毒。一听到你回家嚷嚷现在的教育制度要如何改革，就不以为然：有什么呀，那么多人都从压迫中走出来了，也没精神分裂。我们吃过的苦，你们凭什么吃不得？

你爹我年轻时挺没出息的。刚跟你妈搞对象时就想，这要是有了孩子，该怎么教育他啊？你爹我没啥脑子，想累了干脆心一横：大不了以后不生儿育女，不为人类繁衍添砖加瓦便是。就算非要生一个，就随他，爱怎么就怎么，只要别杀人放火，给我定一个窝藏的罪名就行，也不知谁有这么好的福气了。

# 给儿子的一封信

◎ 于晓斯

你姥姥说不能让孩子受到好的教育就不要生。虽然我没敢当面说，可就是不明白，为什么一定要给孩子好的教育？什么又是好的教育？蹲监狱的高科技人才比比皆是，那他们算是什么教育的产物？

所以你爹我不管你姥姥的大嗓门和你妈的小粉拳，早就下定决心：法律只规定九年制义务教育，完成了国家下达的任务，接下来的事情就自己掂量着办。有天资就等着各所大学来抢，是怪才的料就向韩寒看齐，要是不幸像我这样有时很白痴，那对不起了，遗传这事儿，儿子，你得认命。

你爹我从不逼你头悬梁锥刺股，也不会像别的父母那样哭着喊着，把自己没完成的心愿嫁祸给你，让你年纪轻轻就承受了出人头地的噩梦。

儿子你就普普通通地活着吧，我没义务要把你培养成栋梁，也没想过要你负责我的晚年。未来道路泥泞，你自己慢慢摸索，我们互相帮助，大家自由舒坦地活着。爹只希望你对事情要有主见，对善恶要分明，对别人要大气，对自己要有希望。

记得你以前问过我，人活着为什么会痛苦？你爹我虽看书不多，但偶尔也会引经据典。大仲马说过，上帝给了人有限的能力，却赋予无限的欲望。矛盾所在，就是痛苦的渊源。

爹告诉你，人不能没有欲望地生活，否则就太没劲儿了。但欲望要在自己控制的范围内，超出了，痛苦就会源源不断。好比你的目标是北大，并愿意为之付出辛勤的汗水，这就是咱把北大把玩在手中，翻云覆雨任咱摆布。但如果你没考上就寻死上吊拿刀抹脖子什么的，那你就是被北大好好地忽悠了一把。痛苦就这么产生了。

我在你这么大的时候，上课睡觉时就会突然冒出这样的想法：假如我有个孩子，会不会飞蛾扑火般地奉献自己？会不会像大多数的父母一样变得可怜兮兮？会不会绞尽脑汁要设计孩子的人生？挖空心思二十来年，以伺候儿女为己任。等到有一天，我抱着孙子，蓦然惊觉自己已白发三千丈……当时我不觉大惊失色，大呼小叫地从梦中醒来，最后免不了被老师罚站。

一辈子辛辛苦苦不过是为他人做嫁衣，虽然是做给自己的孩子。人生的意义定位于自得其乐还是自讨苦吃？或者自欺欺人地说一句乐在其中？也许只有你长大了，才会知晓。

你不是喜欢美国式的民主家庭吗？说实话，爹比你还喜欢。因为我只需把你养到18岁。为了让你更早地适应这种民主，我跟你妈决定：对于你的高考选择，我们不做任何参考，你的路是你选的。至于你是选择白领还是蓝领，爹都支持你。

别认为我是不负责任，我可不想你将来一有不如意，就效仿琼瑶阿姨年少时泪流满面地说，我从来没有要求过生命；或者像周星驰在《百变金刚》里那样轻飘飘说一句，我不过是父母爱情的副产品。人只有对自己负责，才能对他人负责。

你也曾懵懂地问过我，今后的生活是个什么样子的呢？

你爹我很负责任地告诉你，生活是件奢侈的玩具，没有足够的准备就不要参与这个游戏。一旦参与进来，就要尽情去享受，不要刻意迎合，不要刻意躲避，记住，任何生活都是一种享受，包括你现在。

你爹<br>草于一个差点儿就烂醉的深夜

（摘自《第二课堂（高中版）》2009年第3期，王华图）

## 致吾女

◎陈建功

女儿：

几天前，我和你妈妈一起翻找东西，意外地发现了你来到人间后穿上的第一件宝宝装。我看着那长不盈尺的衣裤实在有些意外，以至于一时转不过弯儿来，以为面对的是一件芭比娃娃的衣服。我和你妈妈忍不住地感慨起来："好像我们的女儿昨天还只是这么一点点，今天忽然就成了一个大姑娘！"

真是巧得很，今天贵校来了一纸信函，说是小姐你十八大寿将至，为父母者须出席你的"成人典礼"，且给你一番成年的训示。

我真后悔平常净和你嘻嘻哈哈地穷开心了，现在可好，哪里还端得出丝毫为父的威严？呜呼，年过半百才忽然发现，我居然一次也没有享受过一个中国老爷子发号施令的权利。岂止是我，令堂大人也是如此！还记得你小时候吃药的情形吗？我们一而再、再而三地给你讲道理，最终让你噙着泪水，自己张嘴把药吃下去。我们甚至未曾捏着你的鼻子灌过一次，更是一次也没有打过你，没有训斥过你。你当然做过错事，可我们除了认认真真地和你讨论是非曲直，从来也没有强加给你任何你尚未理解的东西。

这个世界不给人以平等、不给人以尊重的事情太多太多，你的父母一生所见所闻、亲身遭遇的屈辱和不平也太多太多。我们相信，你既然来到人世，所遭屈辱、所遇不平庶几难免，可是如果在我们自己的家里，我们自己的女儿都得不到平等和尊重，这样的人生还有什么幸福可言？我和你妈妈都在庆幸，庆幸我们一直坚持着既定的原则，否则，我们还能培养出你这么一块料吗？

女儿，说老实话，你老爸老妈为你感到骄傲。骄傲的绝不是你的成绩与名次，而是你的尊严感没有被摧毁，你不会蝇营狗苟察言观色活得猥琐而可怜；你的个性没有泯灭，你不会随波逐流人云亦云活得圆滑而压抑；你维护着自己的尊严和个性，又懂得尊重别人的尊严和个性。这是一种健康、健全的人格。能以这样的人格追求去做学问，将会坚守自己的发现和创造，也会尊重别人的发现与创造。我为自己的女儿在18岁前能奠定健康的人格基础而欣慰。

吾此生得吾女足矣。

我们知足，你可千万别知足。你得想想，18岁以后的你应该怎么做？我们对你有如下建议：

第一，18岁，你得抱定主意去"行万里路"了。你准得笑我假模假式地说套话。可是你爸18岁那年已经去挖煤了，你妈18岁那年也去种地了，而你，或许能够自省到自己的视野尚嫌狭窄、性格尚嫌脆弱吧？除了抱定领略大千世界、拓展人生视野的渴望，去经风雨、见世面，又有什么办法？18年来，我们对你的一切培养，其实都是为了你能够离开我们，自己去面对世界。

第二，又是一句套话，18岁，你得开始"破万卷书"了。我早就说过，读书的妙处，就在于它能使有限的人生得到无限的拓展。我是从15岁开始手不释卷的，如今仍觉"书到用时方恨少"。"日月忽其不淹兮，春与秋其代序""年一过往，何可攀援"，逝者如斯夫，望吾女莫做老父蹉跎之叹。

第三，18岁，你得准备迎接磨难。"西伯拘而演《周易》，仲尼厄而作《春秋》"，须牢记，一切磨难都是对有声有色的人生新的赐予。因此，从事人文科学的知识分子的最高境界，是对降临人生的磨难永远作艺术化或哲学化的观照，将其变为丰富自己、激励自己的机会。太史公曰："古者富贵而名磨灭，不可胜记，唯倜傥非常之人称焉。"愚以为，富贵无须羡，名利亦不足道，做一个倜傥非常之人，无论面对什么挫折，永不委顿，永远生活得超迈而乐观，是为至要。

好啦，吾家有女初长成，老夫不能不唠叨。杂谈如上，不知能复命否？陈朗小姐，前进前进前进进！

你爸（执笔）

你妈（圈阅）

（摘自《新阅读》2009年第7-8期，潘英丽图）

# 在不自由和诗意之间

◎ 杨小果

宝宝：

你把一条腿劈在我的脸上，鼻梁一阵梦魇般的酸楚之后，我听见大雨将黑夜洗得更加黑亮。

这是两年来你赐予我的生活，在不自由与盎然的诗意之间。

你出生的这个城市远离了我的故乡。它动不动就把雨下成台风——这是你妈妈的癖好，凡事偏执一点儿更动人。当你坚持把尿尿到窗台上而不是坐便器里，我其实挺纵容的。那里能看到海，为什么不？

有时候我也想念故乡绵延的山，虽然我不曾登临过，但我确信那里能看到真正的獾，皮毛雪亮，脂肪厚重。

等我意识到山的美，已经生活在海滨——而亚热带盛产台风。

在我们生活的亚洲，也就是太平洋和印度洋海域，旋风被称为台风，而在大西洋或者北太平洋东部，它有个更美妙的名字叫做飓风。既然去往他乡是青春的必修课，成年后或许你可以去有飓风的城市生活一段——不介意的话请你捎上我！

而我的他乡已经成为你的故乡。在我远远没有意识到生命中需要你的那段时期，夏季的傍晚，不出意外的话就会刮台风。从城市的东边坐漫长的车程去西边，雨将天空和地面清洗得只剩下一个颜色，在连绵曲折的车灯光里，我像小鹿一样地奔跑，溅起让人要摇下车窗来骂的水花。

今年的这个夏天，第一场称得上规模的台风来得够晚。漫长的十年过去了，台风已经不是这个城市夏季的常态了，连名字都变得缺乏诚意——海马——我一度向往在气象台工作，如果可以专门给台风取名字的话。现在，这项不明底细的乐趣，眼看也变得越来越意兴阑珊。好在，对于你来说，一切都来得刚刚好。

你骑在你的小红马上，我坐在你的木头椅子上。你邀请我一起在阳台上看闪电。

这个傍晚天高且亮，裹着霞光的黑色云层，厚得堪比"可颂坊"的牛油，闪电像是一条充足了电的电光小皮鞭，啪的一声，激起你浑然天成的快乐。

天空在进行一场小规模雷电的预演，却忘记了准备雨水——效果出人意料的好。

远处的海静静的，近处的树绿绿的。我搜肠刮肚，想读一首与之有关的小诗。但是天哪，我居然想到高尔基的《海燕》。这是我最困惑的一篇文章，气势磅礴却带不走激荡，我本能地反感海燕被比喻成一道黑色的闪电。这比喻充满着强烈的男人的功利，不美。

宝宝，不美是一切不妥的根源。作为内心唯一的标准，它对事物的判断高下立现。人人可以容纳不妥，但是不要说服自己，美不容亵渎。

你邀请我加入的这个傍晚，我话很少。那是因为这美让我静默，让我对你心生爱意。我对你的爱那么轻易，远处连排的路灯，再远处车水马龙，在更远处的远处，有一天，我的爱将成为你最易忽略的美，对于生命的必然，那已经足够好了。

我会牢记和你共度的这些电光小皮鞭的时光，它们敲打在我日渐钝化却又渴望惊醒的记忆，让我总有办法，不让爱成为你的负担。

你别忘了，我是偏执恰好又绝对聪明的妈妈。

有一本妈妈们必然会喜欢的绘本《有一天》，在书的最后一页，一个叫艾莉森·麦基的妈妈说：有一天，在很久很久的以后，当你的头发在日光下闪烁着银光，到那个时候，我的爱，你会记起我。

我的爱，你会记起我。

当你时空错乱，指着那个白发苍苍的女人说这是妈妈时，有微微的酸楚饱涨在笑里，到那一天，我唯一的焦虑是，到底要挑哪一张照片，足够说明我的美，足够迎接那一天必然的到来。

（摘自《女报·时尚》2011年第9期，恒兰图）

# 科学顽童写给妈妈的一封信

◎ [美] R.P.费曼　叶伟文 译

亲爱的老妈：

听你的朋友说，你一无所有，只在旅馆里有个小房间，没有家人和朋友陪伴，生活既单调又无聊。你不能为自己建立什么。除了和大家推推挤挤之外，没有方便的交通工具。也没有丰盛的食物，没有豪华的旅行，既没有名声也没有财富。孩子们也不常给你写信。

虽然你的朋友这么说，可是他们全错了。财富不能使人快乐，游泳池和大别墅也不行。没有一件工作本身是伟大的或有价值的，名誉也一样。到外国去玩乐，更是毫无意义。

主要是你的心态——只有当你用心在你去的地方，那地方才有意义；用心在你的工作，你对工作才有感觉；用心在你的屋子，就会觉得"室雅无须大"了。如果你的心态是正确的，那么就会处处如意，事事欢喜了。你的心思可以一下子飞到撒马尔干，一下子又回到哈德孙河。但内心的宁静却很不容易达到，这和物质条件没什么关系。在大房子里和在斗室中，情形是同样的。在任何工作上，都可以存着一种感恩的心态。你的那些富贵朋友，才真的一无所有。如果他们不能保持一种谦卑的态度，财富并不是牢靠的，很容易会失去。

为什么我要写这封信？因为你说这些事说了很多次。每次我总是含糊其辞地点点头，表示了解。由于了解你的人这么少，每个朋友都问你，每个亲戚都质疑你，你怎么能住这么小的房子？你怎么能在那么差劲的店工作？和那些那么可怕的女售货员一起上班？你知道为什么，但他们永远不会知道。他们也不能心甘情愿地过任何不一样的生活。因为他们不像你，缺乏一种坚强的内在和伟大的情操。这种伟大的情操是来自对物质欲望本质的彻底了解。人想要的很多，但需要的很少。它是一种内心的平静，已超越了贫穷，超越了物质的享受。

我可以把所有的财富都给你，你随时可以要一万美金之内的东西。我说过很多次了，但是你连十块钱的小东西都不肯花我的钱，不要我买给你，我该怎么办？我以后不会再去烦你了，我以后不会再去问你需要什么东西。但是请你记得，你想要的任何东西，只要做得到，我都会买给你。你不会没有安全感的。虽然你并不想要什么东西，连最小的东西都不让我费心。一个不满足的人是永远不够富有的，欲壑难填。但一个人若没有什么物欲，反而会觉得很满足。不必担心你会需要朋友的帮忙，没有人强迫你过什么样的生活。你的儿子足可以供养你。

每次我问你到底需要什么，答案总是千篇一律的，要我常写信。这样听起来，我真是个不孝子，连这么简单的事都做不到。但是我知道你的能耐，你是个这么自信的人，在目前根本什么都不需要。虽然我心里明白，就算没有我的信，你也一样活得欢喜自在，而且习以为常。我并不是想测试你的能耐，或增加你的生活负担。一个母亲对儿子的要求这么少，当儿子的还有什么话说？

我该做的事已经很清楚了，就剩下立刻行动了。我从今以后应该以这件事为戒，开始常写信给你。我希望能从你对生活的态度上得到启发，更常为你的生活添加一点儿乐趣。我不再问你要不要什么了。你若需要什么，尽管随时开口。我希望以后更能常写信给你，满足一个母亲对儿子的渴望。我爱你。

你的儿子费曼

（摘自《费曼手札：不休止的鼓声》，湖南科技出版社）

# 致父母书

◎ 一路开花

　　我所承载的，是最为传统、最为典型的中国式教育。你们坚信，自由是在一定年龄与前提下迸发出的产物。你们极度奉守"棍棒底下出人才"的箴言。

　　追忆我的童年，是悲苦与欢乐并存的。为什么这么说？你们该比我更清楚。我的欢乐是在有伙伴陪同的前提下才会拥有的，而我也明白，往往欢乐后，悲苦就会来临。

　　譬如，我和他们一起上树捅蜂窝，明摆着没有人受到伤害，可你们还是把我打得涕泪交加。直到现在我都不甚明白，难道你们就不认为，那是一种培养勇气的方式吗？

　　譬如，我和他们一起下田抓鱼，只是外出几个小时，归来之后，你们便一个狠打，一个在旁边训骂。我一直都不敢问，你们在保证我安全的同时，是否也剥夺了我童年欢乐的权利？

　　譬如，我只是一次考试没有考好，你们便大动干戈，一个假期都不允许我出门半步。当然，作为新时代少年的我，是绝对具有反抗精神的。我将连夜写好的"求救信"抛到窗外，我的伙伴们收到信息，立刻前来"营救"。于是，我从二楼的窗台纵身一跃，脱离了你们的"魔爪"。半日之闲，让我深切感受到了世界的繁华与美丽。可悄然归来之后，刚翻上窗台，便发现你俩早已静坐屋内，久候多时。毫无疑问，那夜，你们将我打得体无完肤，还不停地向我唠叨一句古训："养不教，父之过。"我知道这句话的意思。可是，手捏皮鞭，让我痛苦不已就是你们所谓的"教"吗？

你们有没有想过，当你们在向我循循善诱地诉说水火无情，不允许我下河游泳之时，也已经注定了我此生不会游泳的事实？

或许，学海之路上，别人的态度是"我要学"，我却是"不得不学"。你们威逼、利诱、严刑，什么招式都用上，无非就是为了让我考上一所名牌大学，给你们撑撑面子。

我苦读十余载，终于为你们捧回了录取通知书。看到它的那一刻，我的泪水流个不停。那么多年的起早贪黑，那么多年的悬梁刺股，就为了这张薄纸？古人所谓的命比纸薄，大概就是这个意思吧！

为你们耗尽十余年青春，被街坊邻居立为同辈甚至后辈楷模的我，北上之后，便是一年一归。说实话，北国的春冬异常寒冷，但它至少充满了自由的因子，每一寸土地我都可以任意踩踏，每一棵树木我都可以随意触摸。

这样的自由，是我用十余年的寒窗换来的。我知道，只有这样，我才能彻底脱离你们，成为我真正想成为的那种人，走自己的人生路。在我看来，这比起勾践的卧薪尝胆、韩信的胯下之辱，更为豪情悲壮。

曾经，你们是那么一本正经地告诉我，在没有任何经济来源之前，是不可以谈及爱情的。可当毕业之后，在北国独自漂泊不到一年，你们便几乎日日催促了。

你们要知道，这是一个日新月异的时代，正因为变化太快，所以爱情有所顾忌，往往来得很慢。

我发现，我和你们的共同语言越来越少。我喜欢周杰伦和杰克逊，恨不得将家里所有的陈仓旧碟都换成他俩的。可你们却在听了几句之后，就妄下结论：周杰伦是大舌头，吐字不清！杰克逊绝对是腿部抽筋，抖得厉害！

我有越来越多的事情不能告诉你们。书上写，这是秘密。于是，我不曾告诉过你们，中学时的那次一学期下降20名的成绩大落差，就是因为我和一个女生早恋了。我也不曾告诉过你们，在大学里，在我还没有经济来源的前提下，已先后完整地经历了两次轰轰烈烈的爱情。

当我上大学第二年回家，见到儿时与我一起"勇敢"过的那些伙伴时，我就暗自原谅了你们。至少，我不想像他们一样，不是整天面朝黄土背朝天，就是成天在工地煤窑里摸爬滚打。

你们昔日的严厉与保守，让我有了今日可去自行选择的人生。有很多次，我想告诉你们——我爱你们，在外这些年，我已经懂得了为人父母的艰辛。

请相信，我与你们的话越来越少，不代表我们的关系越来越薄凉，而是我长大了，已懂得你们的内心所想。这样的浓情，在我心中，只可意会，不可言传。

（摘自《阅读与鉴赏》2009年第4期，叶小开图）

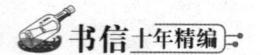

# 你的儿女不属于你
## ——给妈妈的一封信
◎陈旭军

妈妈：

我想和你讨论一个话题：父母之爱有没有条件？

"这是为你好啊！"很多父母有这个口头禅。这真的是"爱"吗？你试试看，不照他们的意思办，打、骂、训斥就少不了，当然，有时是苦苦哀求：小祖宗，求求你了！

有句话叫因爱生恨，但我并不认为那是真正的爱。真正的爱，怎么可能转为恨，转为暴力，转为歇斯底里呢？那只是一种得不到自己想要的，控制不了自己想控制的，从内心潜意识里升起的"恨"，这种恨用温柔的蜜糖包裹着，但随时能转化成毒药。我们可以尝试去观察情感背后，究竟是什么在驱使自己，要不断、反复、深入地抽丝剥茧，才能找到真相。

我记得你说过，妈妈对孩子的爱是无条件的，不求报答的。是的，很多小说、诗歌都是这样描绘的，母亲的爱，像剖了自己的心，化为指引孩子走出黑夜密林的灯。可是，如果我们稍稍涉猎一点儿心理学，就会得出一个结论：没有无条件的爱。爱不是一种与生俱来的能力，爱是需要学习的。通过学习，我们把限制我们去爱的框框打破，把条件改善，我们爱的能力就得到提升。

这几年，你一直非常关心我，我时刻铭记在心。但老实说，这种"爱"对我有点儿压力。你给我的信、邮件、短信，洋溢着牵挂，但不是我需要的"理解和信任"。我早就是一个成年人了，我有自己的人生。我的人生路只能我自己走，谁也没法代替。

你在想我年老时，身体不适时，应该由谁照顾，甚至在设想你来照顾；你要求我，随时报告行踪；你告诉我，经常想起我就会哭泣；你请求我千万不要不理你，和你断绝关系；你努力了解我感兴趣的一切东西，努力走进我的生活。

可是，妈妈，"你"在哪里？你的独立的人生在哪里？难道你的生活，一定需要有那么一个人依靠，不是父母，就是丈夫，或是儿女？如果无条件的爱，换来的是永远放不下的牵挂、经常哭泣、害怕失去的恐惧，那意味着什么？

我欣赏你对学生的热诚；我欣赏你的反省精神；我欣赏你不断学习、活到老学到老的劲头；我欣赏你对民生的关注，你是一个非常优秀的女性，完全可以有更积极的人生。

我不会不理你，我相信命运让我们相识是有原因的；我在学习，如何与你自在地相处；我在学习，如何爱。妈妈，学习是一辈子的事，我们能不能做一回同学？我坦诚地告诉你我心里的压力，分析并不一定正确，但我们可以相互讨论，共同学习。

我推荐你读弗洛姆的《爱的艺术》。他说爱有两种模式，其一，我爱你，因为我需要你；其二，我需要你，因为我爱你。你觉得成熟的爱，应该是怎么样的呢？

我想引用纪伯伦的诗，作为此信的结尾：

你的儿女，其实不是你的/他们是生命对于自身渴望而诞生的孩子/他们借助你来到这世界，却并非因你而来/他们在你身旁，却并不属于你/你可以给予他们的是你的爱，却不是你的想法/因为他们有自己的思想/你可以庇护的是他们的身体，而不是他们的灵魂/因为他们的灵魂属于明天/属于你做梦也无法到达的明天/你可以拼尽全力，变得像他们一样/却不要让他们变得和你一样/因为生命不会后退，也不在过去停留/你是弓，儿女是从你那里射出的箭/弓箭手望着未来之路上的箭靶/他用尽力气将你拉开，使他们的箭射得又快又远/怀着快乐的心情，在弓箭手的手中弯曲吧/因为他爱一路飞翔的箭，也爱无比稳定的弓。

（摘自2009年2月13日《北京晚报》）

# 那些被成长冷漠的温情

◎ 一路开花

你坐在夏花烂漫的屋内，与诸亲旧朋追忆陈年旧事，并欢声朗朗地说，我曾经是多么不离不弃地跟随着你，千般聪颖，善聆教诲，可而今，却只懂得四处流窜，拉帮惹事。

也许，很多年前，我真是如你口中所说那般娇小可爱，让人心怜。可你要知道，那是因为我根本不具备任何生存乃至独立思考的能力，我不依靠你，眷恋你，拥抱你，还能找谁？

你的恨意随时光的推移非但丝毫未减，反而陆续增多。你说，只有好好读书，考上清华北大，我才会有出息。否则，此生注定碌碌无为。我唯唯诺诺地答应着，因为我知道，我的顶撞与叛逆，只会遭来你的痛骂和心伤。最主要的是，即便心中溢满了不平和怨愤，还是改变不了你们"一语定江山"的封建格局。

于是，和千千万万的同龄人一样，我们开始了前仆后继的寒窗生涯。我以为，只要我进入学堂，好好跟随先生念书，你们的讽刺与咒骂就会少些。殊不知，那只是我的白日幻想。你们腾出越来越多的时间督促我，监视我，甚至换着方式警告我那些学习成绩一路倒数的朋友们，尽量避免与我私自交往。

你们说，要成为什么样的人，首先就要和什么样的人在一起。我不语。可我不明白，是不是那些整天在电视上采访科学家们的记者，最后都成了科研工作者？我不能这么说。长辈和老师说的，永远都是真理。即便不是真理，我们也无权反驳，唯有低着头，挺着胸，昂首

阔步。

我念小学的时候，你们说，幼时的学习都是为日后的甘甜做铺垫，只要把基础打好了，日后的学习便会一日千里。我信了你们，两耳不闻窗外事地苦读了整整六年，以为终可脱离苦海。

我念初中的时候，你们说，中考是人生最为关键的第一道门槛，只要我跨过去了，我的人生前途便会日日光明。我信了你们，"焚膏油以继晷"，昏天黑地了整整三年，以为终于迎来了夜后黎明。

我念高中的时候，你们说，高考是决定生命成败的最后时刻，是英雄还是小卒、仰面狂笑的胜者还是一世卑微的俘虏，皆在那一根狭窄的独木桥上见真章。我信了你们，手不释卷废寝忘食又是整整三年，青春去了大半，以为终可在桥上俯视群雄，仰天长啸。

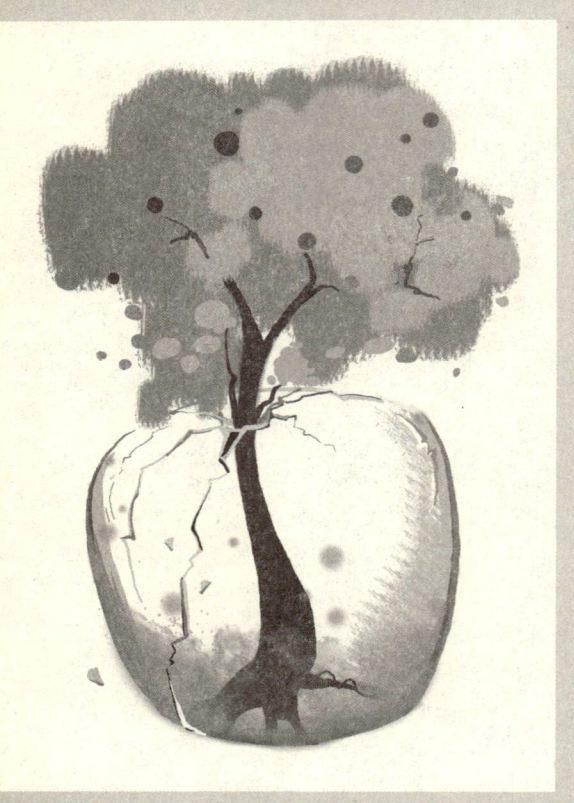

当我拖着疲倦的影子和单薄的童年，步入人潮汹涌的大学校园时，你们却说，大学是整个社会的缩影，所有先前储备的能力和知识，都必须要在这四年中升华，才能得到苦尽甘来的回报。

你们从来不曾为我想过，我的伙伴、我的青春、我的童年以及一个少年本该有的完整的初恋情怀，为何都无法在我心中翻寻到它们残留的倩影？

你们给予我生命，却无法补偿我人生里那段淡然消逝的青春。从今天起，我决定挣脱一切外界的干扰，无怨无悔昂首阔步地走我自己的路。

大学四年，我和你们发生了无数次争吵。你们要我从理，我从了文；你们要我从商，我从了艺；你们要我逢假必回，我偏留在外面漂泊。

你们妥协了，认输了，可我不想就此罢休。我想用一种轰轰烈烈的方式向你们证明，不从理、不读清华北大、不从商的人，一样可以走出无比精彩的人生。

当我在湖南举行第一场签售会的时候，你们从千里之外的云南迢迢赶来。记者说，为我们拍一个相互拥抱的镜头。于是，我展开宽阔的胸膛，逐一迎接你们。看似微胖的母亲，抱在怀里，原是这样形神憔悴。而记忆中一向伟岸健硕的父亲，竟有着佝偻的后背。

我的眼眶有些湿润，忽然看到岁月的风沙早在不知不觉的时刻倏然袭击了你们。你们高昂着头，将我藏在最秘密的角落，任凭时光压弯了脊梁。可是我再也抱不直你们已经弯曲的身体，只能任凭流水洗尽铅华，静静地在愧疚中温习着那些被成长冷漠的真情。

（摘自《疯狂阅读》2009年第11期，王华图）

# 儿子，爸爸不是郑渊洁

◎ 胡子宏

儿子，今天爸爸给你谈的是：我与别人的爸爸有何不同。

先提及三个事例：一是李开复对女儿说，成绩只不过是虚荣的人用以吹嘘和慵懒的人所恐惧的无聊数字而已；二是郑渊洁在儿子18岁后，送给他两个礼物，一辆车和一盒避孕套；三是广西有个学生考上了清华大学，父母的教育秘诀是——没有什么特别的办法，只是让他快乐地成长。

几年来，我非常关心你的学习成绩。你肯定有点儿不耐烦了。瞧，李开复说了，成绩只不过是无聊的数字而已，是用以吹嘘和慵懒的人的。我要告诉你，李开复曾经是Google全球副总裁兼中国区总裁；他给两个女儿提供的受教育环境和物质保障，是我终生难以企及的。李开复的女儿靠自己的努力考上了美国哥伦比亚大学。李开复讲"成绩是无聊数字"的同时，还说了句："最重要的是你在学习，你需要的唯一衡量是你的努力程度。"

李开复劝女儿不要在乎成绩，但给女儿写信时，又很自豪地提及女儿的"高中微积分第一名"。因此，你千万不要把成绩当做无聊的数字，依然要坚持刻苦学习。李开复的女儿其实留学不留学无所谓，他的家产和影响，足可以使女儿有个很舒适的工作。而你的成功要靠自己的打拼，因为爸爸没有李开复那么大的能耐。

你是读着郑渊洁的故事长大的，童话故事为郑渊洁赚得盆满钵溢。在这种家境中，郑渊洁的儿子拒绝了校园里按部就班的课程，在玩乐中发展自己的人生。他去非洲旅游，回来后竟然瞒着父亲出版了摄影集。而像我这样的爸爸，顶多给你一些远游的路费。我们父子与郑渊洁父子不是一个档次，他的家教理论不适合我们。你作为平民百姓的孩子，依然要沉浸在校园的课程，除了刻苦学习，别无选择。

广西的学生考上清华大学，父母的教育秘诀是：没有什么特别的办法，只是让他快乐地成长。这里，我们要正确理解什么是快乐成长。我对你的学业要求很严格，有人曾经斥责我："你给孩子施加了多大的压力啊，孩子能快乐成长吗？"儿子，你要记住，快乐成长与刻苦学习并不排斥。刻苦学习不意味着你放弃郊外踏青、暑假旅游、网络聊天和课外阅读；它只是要求你在一定时间内，集中精力去学习，不要分神，不要懈怠。而优秀的学习成绩，是你快乐成长的精神财富。爸爸对你的要求是，学习时，必须全神贯注，不能浅尝辄止；闲暇时，那就由着你的性子，去玩吧，只要健康，只要安全即可。

儿子，请记住，那些声名显赫的家长，因为家境的殷实，下一代不存在就业谋生的压力。一些教育家声称的"赏识教育""快乐成长"，那仅仅是理论层面的说教而已。古训中的"头悬梁锥刺股""少壮不努力，老大徒伤悲"，倡导的就是对学业的刻苦和严谨。你刻苦学习的目标很简单：好成绩，好大学，好职业，好生活。

儿子，让我们一起踏踏实实过好我们的平民生活吧。我们不会有"李开复"和"郑渊洁"式的奇迹。爸爸与别人的爸爸不同，爸爸其实又跟更多的爸爸相同——那就是渴望着下一代有个令父辈欣慰的前程。二十多年后，你也会像当今的我一样，接过爱心的接力棒，对你的孩子讲述这些枯燥而丰实的人生道理。

（摘自《悦读悦美》2011年第10期）

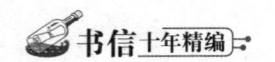

# 十几年了，我还在悲伤

◎ 黄金雄

记得我曾经告诉过你，你的两个大脚趾靠两脚中间的骨头，比常人突出许多，长得跟你祖母的一模一样，每次看到就让我悲从中来。

我要细声告诉你。自从我阿娘去世以后，我常常在35号高速公路上驰骋的汽车里，一边按着驾驶盘，一边流泪。我从来没有想到，在我阿娘临走前的那一刻，我没有见她一面，没有让她牵着我的手，静静离开人间。这个错误和遗憾，竟让我悲伤了那么多年，现在我要把我倾盆的泪水洒在这张纸上。亲爱的宝贝女儿，除了让你倾听我的轻声细语，我还要你看到满纸歉疚的泪水。

自从你哥哥及你出生不久，我就替你们办了护照。因为我总以为你们的祖父、祖母有随时离开的可能，所以我准备就绪，以便随时带着全家奔回我的故乡。护照、签证不停地加签，一晃就是十几年。这其中，我也带着你们回过我的故乡，让你们及你们的祖父母享受一下三代共聚的欢乐。没想到就在你上高三的那一年，让我一辈子后悔的事情发生了。

那年8月的一个夏天，我开车出去吃午餐。午餐之后习惯性地把车停在自己的车位，然后向办公室走去。还没走出停车场，我就突感全身不适，脑中昏眩，几乎晕倒。于是赶紧在大楼的墙边蹲下，休息了十几分钟，才勉强走到办公室。我对秘书抱怨道："外面的天气真是太热，我差点儿昏倒在路上。"

大约过了一个半小时，秘书小姐进来说有一个电话找我。那是我哥哥的电话，他说阿娘一个多小时前走了。在我阿娘快走时，她在医院挣扎了一阵子，我的哥哥迅速把她载回家，台湾人希望老人在家中去世，让灵魂记得自己的家，好保护后代子孙。他还说，我阿娘临死前的一个多小时，一直在流泪，扫视着每一个人。她好像在寻找我的影子，好让我握着她的手，静静离去。

古今中外很多人都说，母子之间有很强的心电感应存在，而它就发生在我的身上！我在停车场几乎昏倒的那段时间，也就是我阿娘临走的那个时刻，她临走时对我的思念，竟然透过半个世界，感应到我疲惫的身心。

为了能及时带你们奔回故乡，处理你们祖父母可能突发的事件，我十几年前就作好了准备，没想到，1990年的夏天，事情真正发生时，我竟糊涂了。事情是这样的：自从我来到这所大学掌管系务之后，发现这个落伍保守的系需要加速整顿以便赶上高科技时代，由于我的决心以及加速改革，激起了系里几位红脖子佬的反抗，他们竟然用全部的时间寻找我账目上可能出现的污点，或学术著作的每一页是否有抄袭。虽然最后都没事，但那段日子，我几乎每天都在高度紧张的状况下生活。

在你祖母去世前的两个星期，我哥哥告诉我，你的祖母住院了，很严重。可由于每天都要应付那几个红脖子，我竟然犯了一生中最大的错误！我对哥哥说："三个月前，我才见过她，我想没关系吧！我可能暂时回不去了。"就这样，在你祖母弥留之际，我竟没有在她身边。我更没有去医院照顾她，呵护她，表达我这颗游子的心。

我亲爱的女儿啊，虽然我赶上了她的葬礼，但我为这件事深感愧疚，流了十几年的泪！从这些内心的伤痛，我深深体会到我们要把我们对人的感激（尤其是父母的养育之恩）及时表达，尽量避免留下终生的遗憾。因为时间不会等待，时光也不会倒流。

你也曾这么问我："爸爸，您怎么没有泪水，怎么不会哭？"小佩儿，爸爸是有泪水的。自从你们出生后，爸爸曾经为了琐事流过几次泪，现在在35号高速公路的汽车里，因为经常想念我的阿娘而流泪。为什么时光不能倒流，为什么不能让我回到1990年的那个夏天，让我能够在她最后的那几天里，轻轻地搂着我的阿娘，让我服侍她，呵护她。

为什么时光不能倒流！十几年了，我还在悲伤。

（摘自《为什么时光不能倒流》，上海人民出版社，叶小开图）

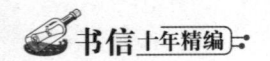

# 写给失踪儿子的第20封生日信

◎ 常非

这是一个真实的故事。贵州凯里的一位母亲，20年前儿子在家门口丢失，在那段疯狂寻找、失魂落魄的日子里，每年在儿子生日时给他写一封信，成为母亲最大的心灵寄托。无法寄出的20封信，记录了她希望儿子能在远方过得幸福的所有思念——

大宝，吾儿：

今天是你24岁生日，妈祝你生日快乐！

今天一大早，妈煮了鸡蛋，做了荷叶饭，榨了西瓜汁，这些都是你爱吃的，都是三岁半时的你最爱吃的。

那个夏天，三岁半的你在巷子口的大槐树下玩弹珠，然后就像一阵风不见了踪影。妈对你的所有记忆就硬生生被卡在了那儿，再也迈不过去了。

你爸吃了两个鸡蛋，一大碗荷叶饭，他是笑着吃的。他像从前那样，把鸡蛋"啪"的一声竖在你的碗筷前，冲着你的红色小板凳说："儿子，生日快乐！"

你爸现在上班去了，他一直都是那么风风火火地忙，只有忙才能让他不那么想你，不那么快速衰老。我冠心病的老毛病好些了，半年前办了病退，养了一条小狗，种了一院子的花，生活一切照旧。只是在今天这个特别的日子里，突然有点儿想你。

从你离开咱们这个家，妈就"种下"了给你写信的习惯，前几封信都是和着眼泪写的，满纸都是担忧、牵挂和悔恨。那个时候，爸妈就跟疯了似的，放下工作扔了家满世界找你，每晚的枕巾都是湿的。

突然有一晚，我梦到你，你还穿着走失那天的蓝条衫，没胖也没瘦，捧着我的脸说："妈妈笑起来是最漂亮的。"从那以后，我就告诉自己要笑。起先，脸上笑着，心里是酸的是苦的；渐渐地，笑着笑着，脸上灿烂了，心里也灿烂了。我知道，那是你赋予妈妈的力量。

从第11封信开始，妈妈总爱跟你唠唠家常，咱们家院子里的石榴结果儿了，你爸爸升科长了，我比量着邻居家跟你同岁的乐乐的身量给你织了件毛衣，巷子口修成了宽敞的柏油路，能进出汽车了……跟你唠唠这些，妈心里就敞亮多了，你可别嫌烦，妈不过是怕你忘了回家的路。

有个星期五，妈在街心公园晨练，不小心绊了一跤，一个小伙子把妈给扶起来，问我用不用上医

院。他的眼睛那么亮、牙齿那么白，真像你啊！妈问他多大了，读书呢还是工作了，家住哪儿？把人家问得挺不好意思的。他19岁，读大二，来英语角锻炼口语。妈一听就跟人家显摆："我家大宝比你还大一岁，大宝估计应该读大三了，不知道他读的是啥专业，不然，你俩还能切磋切磋。"

妈那一整天都是快快乐乐的，透过那个好心的孩子我就看到了你。

一直以来，家里有什么好吃好玩的，妈都会给乐乐送去，谁叫他是跟你抢玩具、打架、分糖吃的小伙伴；家里的废品杂物都留给一个收废品的王老汉，他说他有个孙子也叫大宝；几个月前，妈过马路被一个骑山地车的小伙子给撞了，妈忍痛咬牙站起来让他赶紧回家，不为别的，妈就希望如果有一天你冒冒失失伤了别人，也能得到一点儿宽容……说一千道一万，妈就是觉得，你从没离开过我，我从没失去过你，咱们娘儿俩的心是紧紧连在一起的。

对了，大宝，忘了跟你汇报一件事，咱们家新添了台电脑，液晶超薄的。这第20封信是妈用手写给你的最后一封信，下一次，妈就要用电脑给你写信了。

大宝，咱家有过两次搬迁的机会，一次是搬到你爸单位的筒子楼，另一次是福利分房，妈都拒绝了。妈住不惯高楼，上不惯电梯，妈就想守在这里一辈子，这里有你玩过的泥土，有你敲碎的墙砖，有你永不消失的笑声。

大宝，生日快乐！天天快乐！不管你在天涯还是海角，妈都希望你快乐、积极地生活着，妈会跟你一起加油。

心晴了，天空才能晴朗，生活才能晴朗，我们都懂的。

母字<br>某年某月某日午后

（摘自《时代青年（悦读）》2012年第1期）

# 母亲的呼唤

◎ 缪进兰

三毛，我亲爱的女儿：

自你决定去撒哈拉大沙漠后，我们的心就没有一天安静过，怕你吃苦，怕你寂寞，更担心你难以适应沙漠的日常生活。但每次接你的来信，你好像生活在天堂，心情愉快，对生活充满信心；物质上的缺乏，气候的骤变，并没有影响你的情绪。我想可能是沙漠美丽的景色深深地迷惑了你，夕阳中的蜃楼、一望无垠的黄沙，一向是你所神往，一旦投入其中，谁能体会？谁能领略？

所以，这次你去撒哈拉，我和你父亲都没有阻止。明知道这是何等崎岖艰苦的道路，但是为了你的志趣和新生活的尝试，我们忍住了眼泪，答应下来。孩子，你可知道父母的心里是如何的矛盾，如何的心酸！这一时期，我差不多常常跑邮局，恨不得把你喜爱的食物或点缀布置的小玩意儿，通通寄上，借着那些小小的礼物，也寄上我们无限的爱和想念。

有一天，你告诉我们，已拥有了梦中的白马王子，我们万分喜悦，接纳了我们淳厚的半子——荷西。你孤单的生活将告一段落，从此有人陪伴你，携手共度人生漫漫的岁月。重重的叮咛，深深的祝福，难表父母的心声。我的女儿，愿你幸福快乐，直到永远。

在你完全适应荒凉单调的沙漠婚姻生活后，你很想动动久已搁起的笔杆，希望某一位报纸副刊的主编先生能慧眼识英雄，提拔一下，让你乐一乐，以后才有信心再写。我每晚祈祷，求神拭一拭某位主编的眼睛，能使他看中我们三毛的文章。真的，那天早晨在报纸上看到你第一篇文章《沙漠中的饭店》，我把家中所有人都叫起来，争阅你的故事，大家都非常高兴。家中没有香槟，只好买豆浆代替庆祝，心中十分感激那位主编先生。

从此你打开了写作之门，一篇比一篇精彩，一篇比一篇生动。你把我们每一个读者都引进了你的生活，你的故事好像就发生在我们身边，有笑也有泪。自读完了你的《白手成家》后，我泪流满面，心如绞痛。孩子，你从来都没有告诉父母，你所受的苦难和物质上的缺乏，体力上的透支，已经影响你的健康，你时时都在病中。你把这个僻远荒凉、简陋的小屋，布置成你们的王国，我十分相信，你的确有此能耐。

在《白手成家》刊出后，你的创作进入高潮，任何地方都能听到谈论三毛何许人也。我们以你为荣，也分享了你的快乐，这是你给父母一生中最大的安慰。虽然你在写作上刚刚起步，但在给我们父母的感受上却是永恒。

我的女儿，在逝去的岁月中，虽有太多的坎坷，但我们已用尽爱的金线，一针一针经纬地织补起来，希望父母的巧手神工能织得像当初上帝赐给你的一样，天衣无缝，重度你快乐健康的人生。孩子，请接受父母的祝福和祈祷，愿主赐恩。

你车祸的消息，一直等你出院后，你姐姐才告诉我们。当时我脑中一片茫然，整个世界仿佛都在旋转，泪含满眶、默默无语，心碎片片，隔着千水万山，无法亲临照顾。孩子，你怕我们伤心难受，叫姐姐慢慢再讲，这是你的孝心，但你可想到，我们知道了一样神伤、担忧、焦急？一直到收到你的录音带与照片后，我仍未能释然，看到你消瘦无力的样子，更耿耿于怀。每次午夜梦回，你可曾听到母亲依依的呼唤？

天涯海角，不论离我们有多么遥远，我们的心灵总是彼此相通。尤其是你父亲，是你一生中最大的凭依。前一阵子他患眼疾，视力衰退，你每封信都殷殷问候，思亲之情隐于字间，读后常使我们潜然泪下，思念更深。最近虽然你没有提及任何不妥，但在家信中常感觉到你又在病中。

撒哈拉的一段生活，使你亏损太多，等荷西找到了新的工作，安顿好家，快快地回来吧，让我们好好地看看久别的女儿，是否依旧神采飘逸。

夜已很深，春天的夜晚仍有寒意，请为父母多披上一件外衣，珍重复珍重。千言万语，难诉尽母亲的心语。我的女儿，愿你快乐健康！

顺祝平安。

母示

一九七六年四月一日午夜

（摘自《文苑》2011年第8期）

# 写给女儿男友的信

◎哈·宝鲁尔额尔顿 照日格图

孩子：

为了培育一朵鲜艳美丽的花朵，园丁往往忘我地观察天色，抚其叶子，观其嫩芽，我就是这样的园丁。我身体的一部分此刻正在寻找另一种阳光和雨露，你也正愉悦地欣赏着这朵艳丽的花朵。

如果这朵花给你的第一感觉还不错，请你认真想一下，你们是否会执子之手，与子偕老？如果你做好了与她恩爱百年的准备，孩子，请你轻轻呵护她。如果想起这些你会不经意打哈欠，那么，请你趁早收了这个念头。因为不好的开始往往能带来不好的结果。

为了让你爱惜，我培育了这朵花。就算你不喜欢这朵花，与她擦肩而过，因为她曾喜欢过你，你也会成为我记忆中不可忽略的一部分。为了让你珍惜，我曾为她一路护航，现在，我把她交给你，希望你保护好她，去迎接世间的风风雨雨、流言蜚语和一切你们遇到的困难。

那时候她还很小，手指几乎都是透明的。有一天不小心割破了手，歪着头问我："妈妈，这红色的液体是什么？"在水龙头下，我恨不能收藏她的每一滴鲜血。如今，我把她交给你，希望你给她一个温暖的港湾。

正爱着你的小生命源自我的爱。看不见她时，我会心烦气躁。她的诞生给了我一扇宁静的门。此刻，她全部的爱都飞到了你那里。她源自我，却奔向你；她长相如我，却深爱着你。

在她稍稍高傲的性格下面是一颗单纯柔软的心。虽然有些倔犟，心里却常常流泪。在她流泪时请你走过去亲吻她的额头，滋润她的嘴唇。现在，我赋予你这样的权力。她的脸上露出微笑时你们都会感谢我。

不要轻易地离家出走。因为她对你的爱精确到了秒。她会时时刻刻焦急地等你回家。在这样的等待中又会有多少无奈和辛酸，这些男人永远不会理解。

我不希望她在你那里饱经痛苦和磨难。我相信，无论是怎样温柔的花朵，当她无法承受时也会变成食人草。你必须是她的港湾，她新的阳光和雨露。

我从未打过她，现在将这样娇嫩的她交给你。擦擦手，准备迎接她吧，如果你是她的园地，她会给你培育与她一样美丽的花朵，这样我的爱也将能够继续绽放。虽然很不舍，我必须做出这样大度的选择，并为我的选择高兴。

你女友的母亲

（摘自《文苑》2011年第7期）

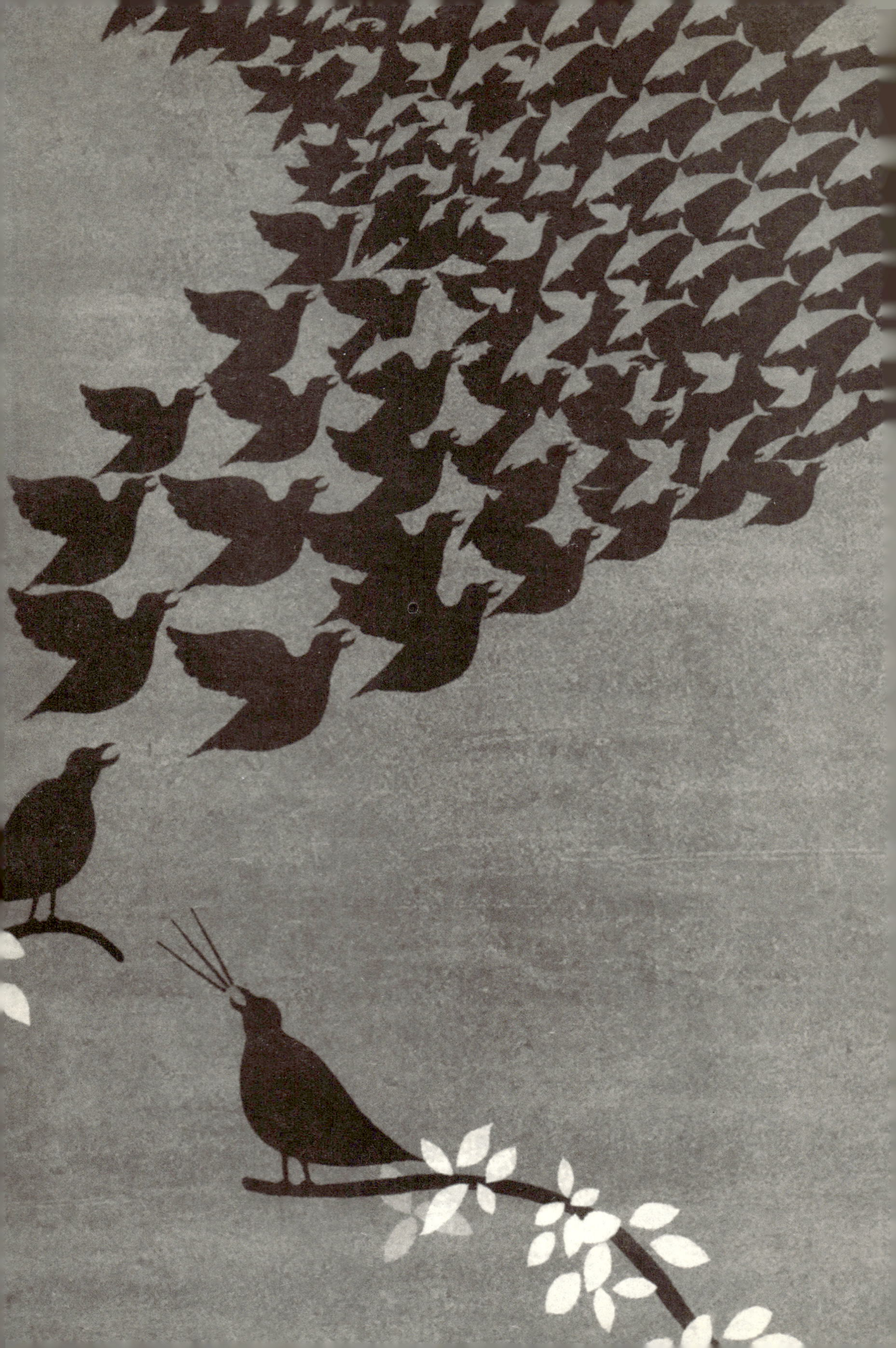

# 恋曲

　　世间最美的一句话，是"我喜欢你"，把它写下来，连同初遇时那怦然心动的时刻，一起寄给你；世间最浪漫的语言，是"我思念你"，把它写下来，连同相见时那点点滴滴的美好，一起寄给你；世间最动人的画面，是"我们在一起"，把它画下来，连同对未来的憧憬和真挚的盟誓，一起寄给你。

# 和你一起搭建一个完整的世界

◎ [法] 安德烈·高兹  袁筱经 译

致D：

当你老了，我才给你写这封信，告诉你，我们经历过的一切美好。

很快你就82岁了。身高缩短了6厘米，体重只有45公斤。但是你一如既往地美丽、优雅、令我心动。我们已经在一起度过了58个年头，而我对你的爱愈发浓烈。我的胸口又有了这恼人的空茫。只有你灼热的身体依偎在我怀里时，它才能被填满。

此刻我只需要告诉你这些简单的东西，已是足够，接下去我们再谈论不久以前开始折磨我的问题。为什么一直以来你很少出现在我的笔端，而我们的结合却是我一生中最重要的事情？为什么《叛徒》一书中的你会是一个不真实的、走了形的你？现在这本书应该清楚地说明，我和你相约终生是决定性的转折点，它让我有了继续活下去的愿望。那么，我为什么不在这本书里讲述一个美妙的爱情故事呢？一个我们在《叛徒》写完的七年前开始共同拥有的爱情故事？为什么我不谈谈你身上那些令我着迷的地方？为什么以前我要把你描绘成一个可怜的小家伙，"谁也不认识，不会讲一个法文单词，如果没有我，你就完了"，而事实上，你有你的朋友圈子，你是洛桑一个戏剧小组的成员，甚至在英国，有个男人还眼巴巴地等你回去，想和你结婚。

在写《叛徒》的时候，我并没有能够实现原先所期待的深层次的自我探索。还有很多问题需要我理解和澄清。我需要重建我们的爱情故事，这样才能够抓住真正的意义。正是我们的爱情故事让我们成为今天的这个模样，经彼此而生，为彼此而生。给你写这封信，我就是为了弄明白我所经历的一切，我们所经历的一切。

我们的故事有一个很美妙的开始，几乎称得上一见钟情。相遇的那天，你被三个男人包围着，借口说是要和你玩牌。你有一头浓密的棕发，珍珠色的肌肤，英国女人那种高而尖的声音。你刚从英国来到这里，三个男人都试图引起你的注意，操着生硬的英语向你献殷勤。你是那么高贵、俏皮，几乎无法翻译成法文——美得如同一个梦。就在我们的目光彼此交错的时候，我在想："我不会有机会的。"后来我才知道，那天的主人早已给你打过预防针了，说我

40

"是一个奥地利犹太小子,毫无意趣"。

一个月后,我在街头又遇见了你,看着你舞蹈般的步态,很是着迷。接着有一晚,偶然间,我远远地看见你离开办公室,来到大街上。我跑着想要赶上你,你走得很快。那是一个雪天,大雪过后的毛毛雨让你的头发愈发显得卷曲。我自己都不敢相信,我说我们去跳舞吧。你说行,Why not? 你说,很简单的回答。我记得日子:1947年10月23日。

我的英语不太流利,但勉强还行。这多亏我为马格拉特出版社译的两本美国小说。就是在这次,我知道你在战争期间以及战后读了很多书:弗吉尼亚·伍尔夫,乔治·艾略特,托尔斯泰,柏拉图。

我们谈起了英国政治,工党内部的不同流派。你总是很快就能区分出什么是主要的,什么是次要的。任何复杂的问题,似乎在你看来都很好解决,你从来不怀疑自己判断的准确性。你的自信是从哪里来的呢?你的父母也一样分开了,你很早就离开他们生活,先是离开了一个,然后再离开一个。战争后期,你和你的小猫泰比一起生活,一起分享你的食物配额。最后,你甚至离开了你的国家,想要探索另外的世界。一个一文不名的"奥地利犹太小子"究竟有什么地方吸引你呢?

我不明白,我不知道是什么将我们联系在一起。你不喜欢谈论自己的过去。我是在以后才渐渐明白,究竟是怎样的根本经验让我们能够在瞬间靠近。

我们再次相见,还是去跳舞,还一起看了热拉尔·菲利普主演的《魔鬼附身》。《魔鬼附身》改编自拉迪盖的同名小说,由克洛德·奥当-拉拉执导,1947年出品。电影里有个镜头,女主人公要求餐厅主管换一瓶已经开启了的葡萄酒,因为,她说,她觉得酒里有股瓶塞味儿。于是我们在舞厅里重演了这一幕,但是主管在检查了之后,发现了我们的猫腻。在我们的坚持下,他还是换了一瓶,但他警告我们说:"以后休想再踏进这里半步!"我非常欣赏你的冷静和自若。我自忖道:"我们天生就是一对好搭档。"

一起出去了三四次后,我终于得以拥你在怀。

在接下来的几个星期里,我们几乎每天晚上都见面。你和我一起分享我那张已经深深塌陷的旧沙发。沙发只有60厘米宽,我们紧紧地贴在一起。除了沙发,我的房间里只有一个用木板和砖头搭起来的书架,一张堆满纸头的桌子,一把椅子和一个电取暖器。对于我苦行僧式的生活,你没有表现出一丁点儿惊异之情。我也一样,我似乎很自然地认为你会接受。

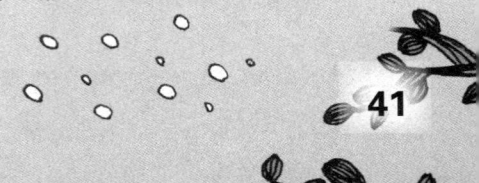

在认识你之前，和其他女孩子待两个小时以上我就会厌烦，而且我也会让她们感觉到我的厌烦。但和你在一起，你却带我进入了另外一个世界，这一点让我着迷。我自童年时代所树立的价值观在这个世界里不再发生效用，这个世界令我心醉神迷。进入它，我就能够逃离，没有所谓的义务，没有所谓的归属。和你在一起，我就到了别处，来到一个陌生的地方，甚至是一个与自己完全不相干的地方。你带我进入一个完全异质的空间——我是一个摒弃所有固定身份的人，将一个又一个的身份叠加起来，其中却没有一个是我的。在和你说英语的时候，我把我的语言变成了你的语言。直到有一天，我用英语和你说话，而你用法语回应我。我主要是通过你和通过书来了解英语的，对于我来说，它就是一种私人的语言，让我们之间的私密得以保留，抵抗住周遭社会规范的腐蚀。我觉得，我仿佛是在和你一起搭建一个完整的、得到很好保护的世界。

84岁的法国哲学家安德烈·高兹为自己身患绝症、不久于人世的妻子多莉娜写下的这封情书，记述了两人长达六十年的情感历程；之后，两人打开煤气，共赴黄泉。在平静、理性、深情的叙述中，其执子之手、与子偕老的形象带给了世人巨大的冲击和强烈感动。

高兹和多莉娜最后双双弃世的决定是最自然不过的结果。高兹，这个已经看到爱人灵柩的男人，终于作出了最终的抉择："我们都不希望我们两人中的一个在另一个死后继续活着。"高兹最后选择的不是哲学家的选择，他说为爱而死是唯一不能用哲学解释的观念，当爱成为两个人在身体和精神上发生共鸣的方式时，就已经超越了哲学。

(摘编自《致D情史》，南京大学出版社，恒兰图)

---

三三：

我原以为我是个受得了寂寞的人。现在方明白我们自从在一起后，我就变成一个不能同你离开的人了。

三三，想起你，我就忍受不了目前的一切。我想打东西，骂粗话，让冷气吹冻自己全身。我明白我同你离开越远反而越相近。但不成，我得同你在一起，这心才能安静，事也才能做好！

这船已到了柳林岔。我生平还是第一次看到这样好看的地方——千方积雪，高山皆作紫色，疏林绵延三四里，林中皆是人家的白屋顶。我的船便在这种景致中，快快地在水上跑，什么唐人宋人画都赶不上，看一年也不会厌倦。奇怪的是，本省的画家，从来不知向这么好的景物学习。学校中教员还是用个小瓶插一朵花，放个橘子，在那里虐待学生"写生"，其实是在那里"写死"！

三三，我这时还是想起许多次得罪你的地方，我的眼睛是湿的，模糊了。我先前对你说过："你生了我的气时，我便特别知道我如何爱你。"我眼睛湿湿地想着你一切的过去！我回来时，我不会使你生气面壁了。我在船上学会了反省，认清楚了自己种种的错处。只有你，方那么懂我并且原谅我。

我就这样一面看水一面想你。我快乐，我想应同你一起快乐；我闷，就想你在我必可以不闷；我同船老板吃饭，我盼望你也在一角吃饭。我至少还得在船上过七个日子，还不把下行的日子计算在内。你说，这七个日子我怎么办？我不能写文章就写信。这只手既然离开了你，也只有这么来折

# 梦里来赶我吧

◎ 沈从文

磨它了。

为了只想同你说话,我便钻进被盖中去,闭着眼睛。你听,船那么"呀呀"地响着,它说:"两个人尽管说笑,不必担心那掌舵人。他的职务在看水,他忙着。"船真的"呀呀"地响着。可是我如今同谁去说?我不高兴!

梦里来赶我吧,我的船是黄的。尽管从梦里赶来,沿了我所画的小镇一直向西走。我想和你一同坐在船里,从船口望那一点儿紫色的小山;我想让一个木筏使你惊讶,因为那木筏上面还种菜;我想要你来使我的手暖和一些。我相信你从这纸上可以听到一种摇橹人的歌声,因为这张纸差不多浸透了好听的歌声!

一切声音皆像冷一般地凝固了,只有船底的声音,轻轻地轻轻地流过去。这声音使你感觉到它,几乎不是用耳朵而是用想象。这时真静,这时心是透明的,想一切皆深入无间。我在温习你的一切。我称量我的幸运,且计算它,但这无法使我弄清一点点。为了这幸福的自觉,我叹息了。倘若你这时见到我,你就会明白我如何温柔!

一切过去的种种,它的结局皆在把我推到你的身边和心边,你的一切过去也皆把我拉近你的身边和心边。我还要说的话不想让烛光听到,我将吹熄了这支蜡烛,在暗中向空虚去说!

(摘编自《沈从文家书》,
江苏教育出版社,王华图)

在一列由上海开往北京的火车上,顾城与谢烨相识。他们是邻座,一路上相谈甚欢,告别时已恋恋不舍。后来,他们开始通信,谈人生,谈文学,彼此心有灵犀,很快就产生了恋情。

小烨:

那是件多么偶然的事。我刚走出屋子,风就把门关上了。门是撞锁,我没带钥匙,进不去。我忽然生起气来,对整个上海人都愤怒。我去找父亲,对他说:"我要走,马上就走,回北京。"父亲气也不小,说:"你走吧。"

买票的时候,我并没有看见你,按理说我们应该离得很近,因为我们的座位紧挨着。火车开动的时候,我看见你了吗?我和别人说话,好像在回避一个空间、一片清凉的树荫。到南京站时,别人占了你的座位,你没有说话,就站在我身边。我忽然变得奇怪起来,也许是想站起来,但站了站却又坐下了。我甚至可以感觉到你颈后飘动的细微的头发。我拿出画画的笔,画了老人和孩子、一对夫妇、坐在我对面满脸晦气的化工厂青年。我画了你身边每一个人,却没有画你。我觉得你亮得耀眼,使我的目光无法停留。你对人笑,说上海话。我感到你身边的人全是你的亲人,你的妹妹、你的姥姥或者哥哥,我弄不清楚。

晚上,所有的人都睡了,你在我旁边没有睡。我们是怎么开始谈话的,我已经记不得了,只记得你用清楚的北京话回答,眼睛又大又美,深深的,像是梦幻的鱼群,鼻线和嘴角有一种金属的光辉。我不知道该说些什么,就给你念起诗来,又说起电影,说起遥远的小时候的事。你看着我,回答我,每走一步都有回声。我完全忘记了刚刚几个小时之前我们还很陌生,甚至连一个礼貌的招呼

# 顾城的情书

◎顾 城

都不能打。现在却能听着你的声音，穿过薄薄的世界走进你的声音、你的目光，走着却又不断回到此刻，我还在看你颈后的最淡的头发。

　　火车走着，进入早晨，太阳在海河上明晃晃地升起来。我好像惊醒了，站着，我知道此刻正在失去，再过一会儿你将成为永生的幻觉。你还在笑，我对你愤怒起来，我知道世界上有一个你活着，生长得比我更真实。我掏出纸片写下我的住址，车到站了，你慢慢收拾行李。人向两边走去，我把地址给你就下了火车。

顾城<br>1979年7月

小烨：

　　收到你寄来的避暑山庄的照片了，真高兴，高兴极了，又有点儿后悔。我为什么没跟你去承德呢？斑驳的古塔夕阳孕含着多少哲理，又萌发出多少生命，无穷无尽的鸟没入黄昏，好像纷乱的世界从此结束，只有大自然，沉寂的历史，自由的灵魂。太阳落山的时候，你的眼睛充满了光明，像你的名字，像辉煌的天穹。我将默默注视你，让一生都沐浴着光辉。

　　我站在天国门口，多少感到一点儿恐惧，这是第一次。生活教我谨慎，而热血却使我勇敢。

　　我们在火车上相识，你妈妈会说我是坏人吗？

顾城<br>1979年8月

小烨：

　　天一亮就醒了，醒了就想到你，都成习惯了。我一边轻轻地说话，一边想象你的回答……今天会有你的信吗？

　　我给你写信的时候，心里总是挺奇怪的，这些字再过几天就要看见你了，它们多幸福啊！我要是也能变成一个字就好了，即使一个白字。

　　…………

　　我试图去想现实中的你，想我们在火车和广场上度过的那些短短时光，那时真有光。你看我时，我的生命是怎样亮起来，又安静又辉煌。

　　你的眼睛是琥珀色的。

顾城<br>1979年9月<br>（摘编自《求爱上上签之情书》，<br>陕西师范大学出版社，猪茜熙图）

# 我们都是来自外星球的小孩

◎彭 坦

亲爱的春晓:

如果时光倒退六个月,我想我应该是另一个男人。不,应该说是另一个男孩。和今天的我相比,几乎相距了半个星球。谢谢上天让我遇见了你,在一个最合适的时机。

六个月前,在一次颁奖典礼的后台,我第一次见到你。而第一次听到你的名字要再倒退一个月,那时我刚刚写了首新歌,却不知道应该让谁来演唱。有个朋友推荐一个叫"春晓"的人,我还没来得及打电话给你,没想到,竟然在后台遇见了你。

一切都来得那么美妙和突然,我发现你就是我要找的那个人。我知道你不会理解成"你就是我要找的那个唱我新歌的人"。可以这样说,就算全世界的人都听不懂我的话,你也能。

我和你都说,我们是来自另外一个星球的小孩,所以有时候,我们会叽里咕噜说一些只有我们两个才能听懂的外星语。每当你说起一件事情的时候,总说"就那样",就哪样?没有任何描述,然而我能明白。有时我也会说一些奇怪的方言,我在很多地方生活过,脑子里有很多方言,时间长了就成了属于我自己的奇怪语言,但是你全都能听懂。

与时间无关,我们在遇见的那一刻,就已经注定有很深的感情了。虽然之前没有任何交集,但是我知道,所有的都是对的。

那条手链,是我亲手做的,用吉他的弦。每个金属的小珠子都是吉他的弦扣,我从认识你之后就开始攒这个东西。在我们刚认识不久,也就是第一个月的纪念日吧,我把它送给了你。我想说,这些大大小小的珠子,应该就是我和你在一起之后经历的一些磨难吧。

我知道,我和你在碰到彼此之前都是很自私的,那种自私来源于一种自我保护。一直以来我们都很自我,所有的事情都认为自己是对的,我和你都有特别强的这种性格,所以我俩在一起,有过不少争执、分歧和吵闹。每一次争吵,不管是大事还是小事,在我看来,都是磨难。但是,每一次争吵之后我们就再也不会犯同样的错误,那些磨难能更深层地教会我们怎么在一起生活。

我们在一起生活,不是为了让感情更深

## 恋曲

（我们的感情早已很深了），而是为了互相学习。比如我们要学会，两个人面对一件事情可能会存在不同看法，但是这个存在不要伤害到对方。这非常困难，但是我觉得现在已经越来越好了，所以每一次特别痛苦的挣扎都是很珍贵的，应该保留下来。于是我把那些大大小小的磨难穿起来，就是想说，无论怎样它们都不会真正拆散我们。

那条手链的坠子，是一个天使。这是我一条项链上的，以前它对我来说没有什么意义，但遇到你之后，我突然觉得很有意义。你一定知道，你是我的天使。但是你未必知道，你给我带来了什么。

我们经历的所有，热恋也好，平凡也好，我不认为这个背后还有更冒险的东西。或许每个人对很多东西都充满欲望，对物质是，对感情也是。可能看到别人的爱情会觉得那个是不是更好，或者我的下一个女朋友会不会更漂亮，人都会有这样的想法。其实这是一个特别荒诞的东西，如果你真的专注的话，你就会发现，那背后鲜艳的东西都是假的，都是你自己想象出来的，只有你现在经历的这种感情才是最鲜艳的。

我觉得这种感受小的时候我们是明白不了的，我相信，之前经历的所有一切，都是一定要经历之后才能碰到你的。如果不经历那些，是不可能有今天在一起的我和你，所以这一切都是对的，这种感觉很踏实。从此以后，我不会再顾虑了，也不会再害怕了。

我和你都说，我们是来自外星球的小孩，这一生是在这儿度过的，等这一生结束后，也许会去别的地方。我不能肯定下一生还能遇到你，所以这一生要好好度过。

你的彭坦

（摘自《知音女孩》2009年4月下半月刊，——图）

## 爱的信笺

◎蒋明思

亲爱的：

你问过我，当我出航时，你可以寄什么给我——在千里之外的航船上，那些我想要却无法得到的东西。我想这份清单不难列出，只恐不易兑现。

请将秋天寄给我。用盒子装上预示寒冬来临的清冷夜风、冰凉霜冻，再加上秋色少许——那是终结了生命轮回的秋叶，黄色的、红色的、褐色的。落叶撒满庭院，如同铺上了层层地毯，当你踩上这没过脚踝的落叶时，它们会簌簌作响，请将这声音寄给我。当叶堆焚烧时，青烟袅袅，其味芬芳。秋分前后，木叶凋陨，生机不再，光秃秃的枝丫上挂着一轮金黄的圆月，请将这青烟月色一并打包寄来。

随后，你可将冬天给我寄来，寄给我第一场大雪。在万籁俱寂的魔境中，雪片硕大，疾疾飞落，铺天盖地，愈积愈厚。别忘了将雪花飘落我舌尖的味道或那挂在你头发上如宝石般璀璨的雪花寄给我。皓月当空，整个大地在皑皑白雪的映衬下熠熠生辉，取一块雪毯送给我。请寄给我一个雪人，最好寄一个雪人之家——雪人爸爸、雪人妈妈和雪人娃娃，都以纽扣为眼，以木棍为臂，以胡萝卜为鼻。寄给我壁炉前度过的一个夜晚，炉中火焰闪烁着希冀和梦幻。寄给我一些你的温暖，一些在十二月的寒夜里，当我俩在被子下相依相偎时你给我的温暖。另外，寄给我一些长而坚硬、细而精致的冰凌吧！

把假日也寄给我吧——这些也是我想要的。把万圣节，连同那些小女巫、鬼魂、牛仔和海盗一起寄给我。为我小心地把小"精灵们"第一次参加庆祝活动时羞涩的轻声低语"不给糖，就捣蛋"包裹起来。许多更谙于此道的"小矮人"和"印第安人"安安稳稳地藏

47

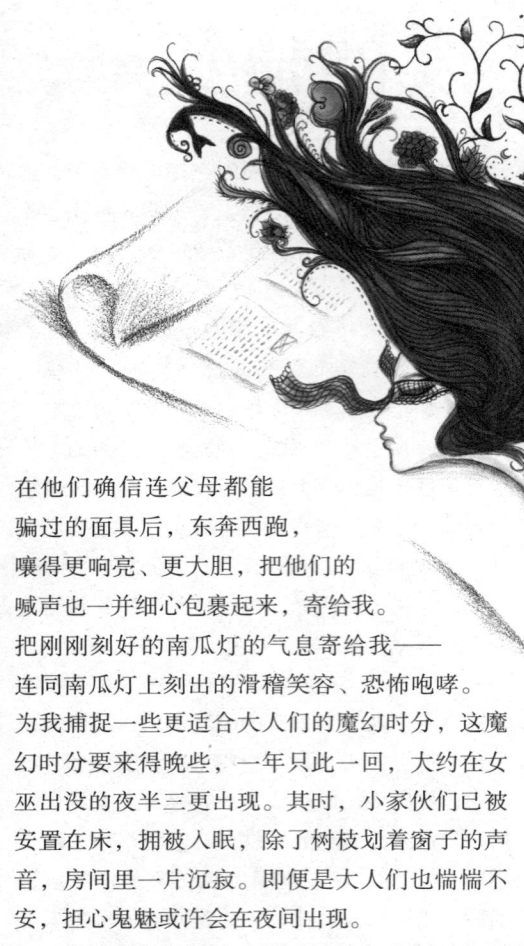

在他们确信连父母都能骗过的面具后,东奔西跑,嚷得更响亮、更大胆,把他们的喊声也一并细心包裹起来,寄给我。把刚刚刻好的南瓜灯的气息寄给我——连同南瓜灯上刻出的滑稽笑容、恐怖咆哮。为我捕捉一些更适合大人们的魔幻时分,这魔幻时分要来得晚些,一年只此一回,大约在女巫出没的夜半三更出现。其时,小家伙们已被安置在床,拥被入眠,除了树枝划着窗子的声音,房间里一片沉寂。即便是大人们也惴惴不安,担心鬼魅或许会在夜间出现。

为我保存烤火鸡、烤鸡填馅、自制面包和馅饼的香味。寄给我感恩节的气息——烹煮终日,餐桌上的佳肴越摆越高。寄给我从布置餐桌到宴席酣饮期间由心底而生的那短暂却淡定的自豪感和成就感。

寄给我一棵圣诞树吧。那不是一棵寻常的树,而是孩子们在爸爸妈妈的协助下用自己的小手刚刚砍下来的圣诞树。孩子们都想在装点圣诞树时胜人一筹,因而急切地将金箔丝线裹饰的亮闪闪的小灯挂得圣诞树上到处都是。把这刚砍的圣诞树的气息,连同上面的彩灯和灯的光辉都寄给我吧。再寄给我一杯勾兑得至醇至润的蛋奶酒。你先酌饮几口,让你的唇印留在杯口,那样我就可以看见你的唇印,品尝它的味道。寄给我圣诞平安夜的无眠期待,这时小天使们都逼着自己入睡,因为他们心里知道,只有当他们睡着了,圣诞老人才会到来。和我分享一杯牛奶和几块巧克力曲奇饼干吧,这有助于保存我们那转瞬即逝的对于童年的幻想。寄给我孩子们第一眼看到圣诞老人留下的一大堆礼物时发出的欢呼声,寄给我礼物包装纸被撕开的声音和孩子们打开礼物并四处炫耀时的啊呀声,寄给我每个人打开自己心仪的礼物时所给予的拥抱。

在一年的最后一天里,请寄给我一个与你共度的安静夜晚,我们期盼新的一年仍彼此相依,感叹过去一年经历的风雨。

再把包裹腾出一些空间,将四季的变幻、每日的悲欢,以及因我与你天各一方而即将错过的节日都寄给我。最重要的是,寄给我你的思绪和希望,你的梦想和愿望,你的微笑和眼泪。

最最重要的是,寄给我你的爱。

(摘自《新东方英语》2010年第12期,潘英丽图)

# 谋划一场属于我的大学爱情

◎ 俞敏洪

亲爱的学弟学妹们，尤其是学妹们：

你们好！今天，我以一个毕业多年且在大学里浪迹江湖多年的大哥的身份，给你们写这封关于爱情的小信，希望能给你们未来四年"无聊"的大学生活增添一抹亮色。

如果食堂的饭很难吃，如果计算机房的电脑不能联机对战，如果毛概、邓论、政经这些课和老师让你想自焚的话，请记住：大学时代的某个小角落里，有一种东西叫做爱情，能够拯救一切。

## 暗恋是一种美

暗恋在英文中叫unrequited love，直译为"不求回报的爱情"。在我看来，这种爱情是最凄美的。

我的大学室友曾经有过这样的经历。室友是一个很内敛的人，但也是一个情种。他喜欢上一个女孩子，我们帮他搞到她的手机号码，他没有发一条短信；我们帮他弄到女孩子的宿舍号码，他没有寄出一封情书。只是突然有一天，他发现那女孩身边多了一个男孩，于是就默默地走到南京大学浦口校区著名的星湖边，烧了自己给她写的好几百封情书。我愿意用这个看上去完全失败的"泡妞"案例告诉大家：也许最美的爱情，就是伊人和你之间有湾难以横渡的秋水，你却不弃不离地遥望的情感。在大学，你可以不恋爱，你可以没人追，但是你一定要暗恋过一个人。一定！

## 男人要霸气，女人要灵气

男女关系说来微妙：很少看到女生主动出击。

学妹们，你们宁可错过一千个优秀的男人，也千万不要为了一个小白脸破了这条规矩。你需要做的，就是做你想做的事情。要么在图书馆徜徉，要么在校园的某个角落里逗逗流浪猫儿，要么对镜贴个花黄，要么在运动场挥汗如雨，而大可不必拿着望远镜偷看男生寝室，或是到篮球场边对着高个子的肌肉男大发花痴。你们要知道，在校园的任何一个角落里，你们的行踪都会被一种叫做"男人"的动物所密切注视。你们

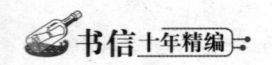

所要做的就是专注于自己做的事情,像一只丹顶鹤一样,独立、自得、悠然。他们会主动送上门的。

学弟们,你们一定要主动。宁可千次被拒,也不能放过任何一个追求的机会。要能跋山涉水在35摄氏度的大夏天挤公交车为自己的女朋友买一个奶昔,要敢为自己喜欢的女孩子打架,要有事业心,要让她觉得跟你混一定能幸福。你想,哪个女孩子会拒绝这样的男孩?

## 论爱情中的改变和坚持

一场爱情不论是否成功,对一个人的个性形成一定有正向或负向的影响。大学男生在认识女孩以后多半会在意外表,头发不一定要有型,却一定要整洁;你可以不知道如何用刀叉吃西餐,但是一定要记得吃饭之后擦擦嘴;下楼梯的时候走在她的前面,过马路的时候走在外侧,必要的时候可以大方地握住她的手。

学妹们,你们可以略施粉黛,读点儿文学书,看点儿电影,写点儿小诗,虽然不需要做一个文艺女青年,但至少要让男生觉得你不是花瓶。要知道,男生这个物种最大的特征是被足球、篮球、排球、魔兽、实况所围困,所以,你们要主动地提升你们双方的人文修养。看电影总比逛野树林要靠谱,谈文学总比压马路靠谱。如果两个人没有什么相同的兴趣爱好,这个爱情一定玩儿完。

前面讲的都是改变,但是更关键的是坚持。记住,永远不要为了爱情妥协你自己的理想,永远不要干涉对方的生活圈子。毕竟你们都已经有了爱情,干吗还死抓住它不放。

我说的也不见得对,如果你成功地谋划了一场属于你的大学爱情,记得告诉我。

(摘自《可乐》2009年第12期,一清图)

---

亲爱的路遥城:

也许你以后会听说"男人对女人说的话通常是谎言",但父亲对女儿说的却都是真话——所以,我现在要和你玩一个"穿越"的"真心话大冒险"。你现在才3岁而不是18岁。我也永远不知天命,35岁,还可以假装着年轻给你谈谈什么是感情。接下来,我就放心说啦。

### 爱情绝对存在

这道理可以用一万句话来当做证据。但是最简洁的方法是:视为公理。就像"两点之间直线最短""圆周为360度"一样,你必须相信一些不需要证明的公理,才能由此推导出全部的几何学。亲爱的女儿,你一生都会需要爱,寻找爱,你会遭遇到许多困惑、挫折,但是任何时候,记住老爸的这句公理:爱情绝对存在。不需要证据。

### 爱情不是生活的全部

爱是生活里最闪亮的那一部分。用一个俗气的比喻,是一桌菜里放的那半勺盐。没有盐,什么味道都没有,时间长了,还会得病。但是,老实说,要真是有些时候没盐,寡淡的日子还得照过。人是"被出生"的,白捡了这性命躯体,于是有许多使命。比如繁衍后代、劳动回报社会、传承文明、帮助同类等许多义务,不能自私得只要爱。那就像每天光吃盐一样可笑。

# 爱是一生永不停歇的学习

◎ 路金波

**宁被聪明男人骗，不被蠢男人围着转**

亲爱的女儿，你老爸就够聪明。咱们姓路的不用谦虚。老爸对女人说过许多谎，最大的受害者自然是你妈。可是，你看到了，咱们很幸福。上帝造人的时候不公平，女人的资本是漂亮，男人的天赋是聪明。你怎么能和一个笨人在一起？难道他不该每天换24种不同的方式夸奖你、赞美你吗？他一定会骗你。我只希望他骗得好一点儿，让你快乐，再骗得久一点儿——演得成了惯性，一辈子也就过去了。

**男人帅不帅，区别只在自信**

亲爱的女儿，你十几岁情窦初开的时候，一定会爱上那种高高的白净的会弹琴或者打篮球的帅小伙儿。唉，老爸当年完全不合标准。但有趣的是，老爸到三十多岁的时候，突然觉得自己很帅！重新开始晨跑，工作更清晰，晚上则在你睡觉之后，读书、写作——世界豁然开朗。我想说，男人要有自信。他可以矮，但是走路要挺胸；可以单眼皮，但眼睛要有光；可以戴牙套，但敢放声大笑。自信就是男人的帅，就是性感。

**最重要的不是有多少钱，而是明天比今天有钱**

自恋上瘾，还是说自己。你知道爷爷奶奶都从农村出来，后来也只是小城市的普通工人。老爸从小都是很穷的。27岁认识你妈，还是零资产。但是要恋爱，要生活。永远不要羡慕那些生而富贵的人。物质世界无穷尽，最重要的不是拥有什么，而是努力改善，使生活充满希望，使生命天天向上。老爸不会要求你男朋友有钱。但是他要答应我，明年、下个月、明天，都比现在多一点儿。

**爱上一个人，一定要珍惜，但珍惜的最好方式不是放纵而是克制**

亲爱的女儿，不论任何时候，若你爱上一个人——哪怕是老爸最不喜欢的笨人、不自信的人、不上进的人——都还是要珍惜。爱是神秘的相遇，是不可逆的命运。

只是我的意见，爱不要放纵。就像所有宗教都强调克制、修行、牺牲，才能抵达庄严的美。这话你年轻时一定不懂，可是很重要。若你懂得珍惜和克制，就能收获更多的爱。

在所有的克制里，身体尤甚。身体不是自己的，它是上帝借父母之爱的赠予，永远不要轻贱它。你有多爱自己的身体，就有多爱自己。

好了。这些道理简单或深奥，甚至不在同一个逻辑。好在生活和爱，都没有标准答案。亲爱的女儿，我写这信给你，名为教你如何爱别人，实则只想让你更好地爱自己。你知道就好。

恬爸

（摘编自《悦己》2010年第6期，暖色底片图）

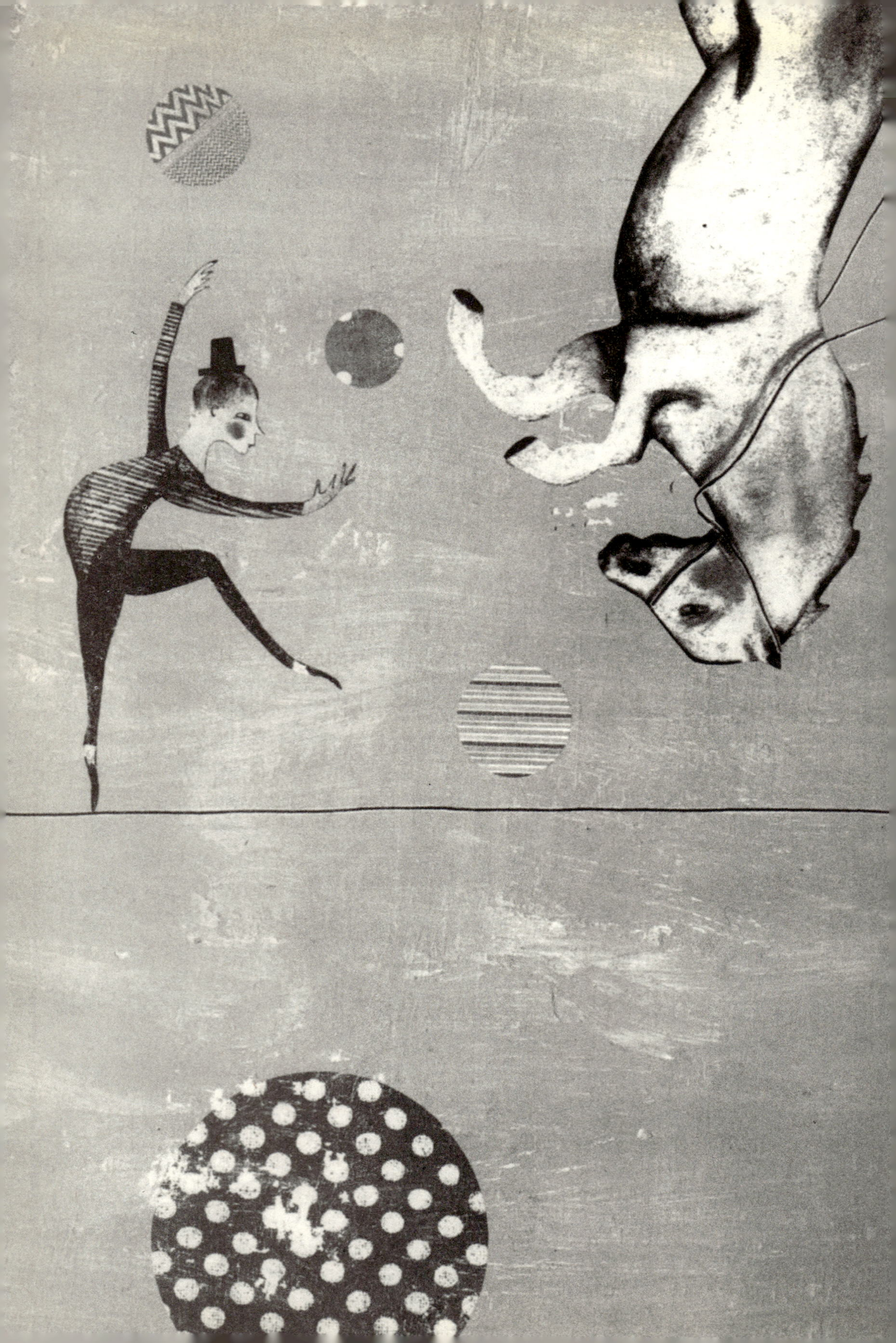

# 知音

　　朋友，是前行路上的一盏明灯，用诚恳的话语牵引你奋斗的方向；朋友，是孤独失意时的一杯热茶，用温情的劝慰为你抚平心灵的创伤。知音间的相惜，是天涯比邻，一声问候，便可感受到遥远的牵挂；挚友间的情谊，如高山流水，倾听之间，便达至心灵的默契。

## 寄往天堂的信

◎ 包梦琼

亲爱的政委：

今天，我们含着悲痛的泪水将您送离了太子港，踏上了回家的路！一路上，泪水充盈了双眼，但仍希望您透过我们模糊的眼睛再看一眼这片您曾战斗了15个月的土地，这片您曾为之熬更守夜、奉献心血的异国土地。

您就这样走了，先我们而离开了这片您带领我们走进维和、创造奇迹的土地，留下了我们，满含悲痛地怀念着您，怀念着我们的好政委、好大哥！

短短几天，我们经历了担忧、希望、企盼，一直到连最后一丝渺茫的希望都失去，那是一种彻底绝望的刺骨的痛！就这样，一场残酷的地震夺走了您，而将悲痛留给了我们，留给了深爱着您且您也深爱着的嫂子和孩子！

2008年因为汶川地震而成了充满伤痛的年度，2010年又因为这场夺走了你们——我们亲爱的战友们——的地震而成为了我们生命中另一个伤痛的回忆。

回到营区，满眼都是您的身影，这个曾经让我觉得无限温馨、轻松的一隅已成了伤痛的回忆，我害怕再在营地漫步，这里的一草一木、一砖一瓦都让我想起您。

还记得您走的前一天，为迎接国内工作组的到来，您带领小队以上领导检查营区卫生，细致得不放过任何一个角落，您让我拿着纸和笔跟着您记下每一个不合格的小地方，丝毫没预感到分离的我为了躲避太阳的光芒而没有执行您吩咐的"不得离开我三米"的"命令"，远远落在了队伍后面。要早知道有这样的永别，我一定紧紧地跟着您，不放过一分一秒的相处……

今天，坐在指挥中心开会，看着那个空落落的位置，我的心一阵阵地痛，泪水又无法抑制地涌了出来。

开完会，我找来一张凳子，用抹布仔细擦去因地震而洒落在上面的尘土，然后仍然放在您的老位置上。既然老天毫不留情地夺走了您，那好歹要留给我一点儿过往的痕迹……

我办公桌上这台办公电脑，是您经常用来上网浏览新闻时用的。每当您坐在这儿，我们几个总会很开心地把平时留存的零食拿来"诱惑"要保持体型的您，您吃了，会点点头说："嗯，不错。"

我们记在心里，下回再买上一些放在办公桌里，一来会为破坏了您的节食计划而小小得意，二来您则会买来一大堆好吃的"还"给我们。想到在这间办公室里曾经种种的欢声笑语，我又怎能忍受从此以后营地里没有您的日子？

都知道您对工作从来都是高标准严要求，为了得到您赞许的点头，我会熬夜制作一份精美的手册或力求完美地翻译每一份文稿，只为了不辜负您的信任。

不知道今后的我，没有了您的鼓励和信任，是否还会有这样的热情。可是我知道这样被悲痛笼罩的消沉的我不是您所希望看到的，所以，请放心，政委，我会努力忘记伤痛，记住您的笑颜和鼓励，继续露出我开心的笑，用心地生活，用心地工作，让在天堂的您不会感到失望……

替您收拾行装的时候，看到了您珍藏的您的孩子送的相框，里面装有幸福的一家三口的合照，我小心翼翼地把相框放在您从后勤基地买来的带有联合国标志的浴巾里，生怕它受到一点儿破损。

还有，您买给嫂子和孩子的礼品我也小心地放在了随您一起回家的行李箱里了，您放心地走好！

心还是很痛，眼泪还是会不经意地涌出……

政委，一路走好！前往天堂的路有了你们彼此的陪伴不会孤单，终有一日，我们会在天堂再相见，我还愿意做您手下的一个"兵"，辛苦却乐此不疲地快乐工作并快乐生活着。

（摘自《美文》2010年3月下半月刊，王华图）

# 你有权利用自己的方式长大

◎ Clara写意

办公室新鲜人小姑娘：

就在刚才，在洗手间里，我听出了在隔间里伤心哭泣的人是你。

我想今天对于你来说，一定是很艰难的一天。

早上，你红着眼睛来上班，我知道你一定又和男朋友吵架了。上午你接了一个电话，是房东要涨房租。度过了这样的半天，也就难怪在下午的会议上，你做幻灯演示的时候语无伦次，以尴尬的沉默告终。接着，在我找你要上周就交给你做的报表，而你说还没做好的时候，我板着脸告诉你，如果不搞明白什么事情是不能拖的，后果将十分严重。然后我就去忙自己的事了。

你也许没注意到，我也有上司，如何让他满意是我每天最头疼的问题。直到我在洗手间里听见你的哭泣，我才又想起你来。你哭泣的声音还那么稚嫩，于是我一下子想起你今年才23岁。

23岁时候的我是什么样子？碰巧，在我记忆中最清晰的也是一次哭泣。

那天，我现在的老公——当时的男朋友，和我在电话里分手，我独自去火锅店吃了一大锅毛血旺，出来走过两条街，又发现我的钱包被偷了，所有的生活费和银行卡都在里面。刚从警察局立案出来，我接到了大学同学的电话，邀请我去喝她的喜酒。说是因为心疼红包有点儿丢脸，但是在当时那确实是压在骆驼身上的最后一根稻草。我就那样在冬日的街头，不顾过往行人诧异的目光号啕大哭。

也许生活要让每一个女孩都从一场痛哭开始，去了解它美好面纱背后的真面目，而每一个女孩，在生命中的某个时刻，都会被这样的严酷恐吓得失去斗志。

但是，我向你保证，人这一辈子的幸福与苦难，都在承受范围以内。生活比你自己还要了解你，它很狡猾，它给你的苦涩永远让你失望而又不至于绝望，而给你的甜蜜，永远让你浅尝辄止而充满想头。

人在二十多岁的时候，总是愿意相信一句话：生活在别处。很轻易地放弃一份工作，很轻易地放弃一段爱情，很轻易地放弃一个朋友，莫不是因为这种相信。

可惜人要到很久之后才能明白，这世上并

不存在传说中的"别处"。你所拥有的，不过是你手上、你身边的这些。

所以小姑娘，我要对你说出今天的第一句忠告：好好工作。工作是一切并非天生公主的女孩成为女王的唯一方式。

这是一切自由幻觉中最接近现实的一种。更重要的是，它会帮助你建立足够的自信，然后你才能越来越爱自己，才能好好爱这个世界，爱别人，以及被爱。

我知道，在你的眼里，三十多岁的女人已经老得如同隔夜菜，四十多岁的女人就可以去死。没关系，我不介意，因为我自己二十出头的时候也是这样想的。

让我再告诉你一句话：比老去更可怕的是，老了还没在社会上找到自己的位置。

当你穿着泡泡纱公主裙来上班，或者在我和你谈话的时候，顺手抓起一个文件夹支着下巴，作为一个女人及一个妈妈来说，我觉得你十分可爱，可是下一次我考虑下属升职的时候，可能无法选择你。

我不需要你下班后加班，小姑娘，我也不需要你在我走近的一刹那赶紧把QQ页面关掉，我们这儿是外企，一切都是结果导向，苦劳不计入分数。但我还是劝你，不妨用功一点儿。

一个人的时间用在哪里是看得出来的。别老跟着那些老男人小男人抱怨社会，你改变不了社会，也不可能重新选一个爸爸，对不对？你能改变的只有你自己。

当然，你不是真的干得那么坏。怎么，你有这种感觉吗？哦，Sorry，那是我有意为之的。事实上当你在会议上颤抖着阐述你的新模型的时候，会议室里的那一片死寂代表的并不是不屑，而是震惊。

因为长江后浪推前浪，我们这些前浪害怕死在沙滩上，所以我们当然不能让你发现我们被推倒了。你有潜力，只是自己还没有发现而已。

现在，让我们聊一聊爱情，我们姑且把这一点简称为"男人"。

我23岁的那年错爱了一个不值得的男人，导致了我和现在的老公——当时的男朋友分手。还好后来我有一个机会回头。而你，我不得不说，你分明也在一场错爱之中。这一点我从你红着眼睛来上班的次数就可以知道。

不过没关系，每一个23岁的女孩都有大把的资本错爱，这些错爱，能帮你在最后选出对的那个人。过一段时间，你一定会像当年的我那样明白过来：爱情，归根结底是为了快乐。

虽然现在有一个流行词叫"虐恋"，但生活不是电视连续剧，和Mr.Wrong一味纠缠下去也拿不到片酬。

其实大多数男人都不懂得，虽然自古有"男人不坏，女人不爱"之类的废话，但是泡妞还就得靠诚意。

57

女人的心灵结构是这样的：最外面的一层属于没有希望的追求者带给我们的小心动；中间的一层属于会伤我们心的坏男人；但是最深刻、最珍贵的心灵角落，永远只属于那个能让你真真切切感受到爱的男人。

我说得对吗？仔细感受一下你的现任男友，他伤过你的心很多次，但你在流泪的同时，又隐隐觉得其实他并未触碰到你心灵深处最细腻敏感的地方。

别怀疑，你值得更好的。如果将你比喻成《阿凡达》中的伊克拉，他根本从未完成过"连接"。

最后是金钱。恭喜你，你开始意识到钱的重要性了！请你非常清楚地明白这一点：在你大学毕业之前，生活不是不残酷，只是你的父母在为你付账单。而现在，你进入社会了，你自觉地将许多欲望视为自己的责任了。

你毕业于不错的大学不错的专业，口齿伶俐，相貌清秀，谢天谢地。我觉得你真的可以算是非常幸运的女孩了。

其实我也觉得自己十分幸运，能够以这样的薪水雇到这样的你。当然，我不会告诉你的。等到你自己发现的那一天，你可以提出来，我会适当给你加薪。

你这样幸运，你却羡慕我的房子，我的车，我的钻石耳钉。当然，这也是人之常情，只是你有没有想过，我有的岁月都将有机会带给你，而你有的我再也不会回去。

你完全没有必要因为你的衣服不如人，包包不是名牌，或者存款还不到五位数而觉得不安。基本上每一个你眼里的所谓成功女性都是这样过来的，再也没有比23岁的贫穷更理直气壮的事情了。

当然，我并不是说我羡慕你，因为我的二十几岁过得足够耀眼。每一个人在每一个阶段，哪怕再平庸都一定会有自己值得骄傲的地方。事实上，我喜欢每一个阶段的自己，包括现在。

在我像你一样二十多岁的时候，我就像一个没戴眼镜的近视眼，世界在我眼前是混沌的，唯一清晰的只有我的青春美丽。但现在，这个世界对我来说，很清楚，我眼前的路，我眼前的人，当然也包括你。

写到这里，我突然发现，如果我有机会回到十年前，我不会改变任何事情，因为我舍不得每一个选择带给我的回忆，即使并不完全是美好的。

所以，亲爱的小姑娘，虽然生活在今天对于你来说，天是暗的，风是冷的，也许喝口凉水都会塞牙，但是，我多希望你能了解，一切最终都会化为一个会心的微笑。请好好享受你的23岁，努力而不费力，等待岁月为你揭晓答案。

你看，生活总是令我们出其不意。你在洗手间里的一次哭泣，却让你的上司老女人理解了23岁时的她自己。

为此，我要谢谢你，也同时决定了，我只会将这封信存在我的电脑硬盘上，因为你，有权利用你自己的方式长大。

你的老女人上司

（摘自《时文博览》2011年第10期）

# 远走高飞

○苏含涵

亲爱的小西，现在我坐在一把油漆剥落的木椅子上给你写信。阳光透过窗外的紫荆花照在我写字的手上，有种斑驳的味道，跟木椅子一样。以前你总跟我嚷嚷喜欢一切旧的东西，于是你从奶奶那里淘来了这把旧物，你说上面有岁月静静的轮廓，能把一切浮躁的东西都沉淀下来。

那时我们想的东西都不多，日子简单得透明，一心一意地为高考打拼。每天上第一节课前，你总会递给我一个耳塞，里面都是一些我们听不懂的外文歌。那时我还笑骂你，听了这么多歌曲，英语怎么从来没有及格过啊。可是你在听《远走高飞》时，总会特别安静，还上网找了它的中文歌词，整整齐齐抄好，贴在课桌上面。

"每当大雨迷蒙，我总是向窗外凝望，梦想着我的梦想。如果我能快乐死亡，我将会祈祷，尝试着不想外面的世界。但我总是想要倾诉，却感到茫茫无助，想要归属这儿，但又总是充满了疑惑，所以我祈祷，我将要远走他乡。"

每天我们就是伴着Kelly激扬的声音开始一天的奋斗。尽管日子过得就像是一张劣质的CD，程序般一天又一天地重复播放。但是小西，每天看到你对着地理课本那幅小小的地图宣誓般地吼"北京，你等我"时，还是会觉得所有的美好，我们一转身真的就触摸得到。

所以现在，每天我又沿着这条熟悉的小路慢慢地走向教室时，总会恍惚。去年我不是跟你蹦蹦跳跳走过了吗，怎么今年我仍然在重复这不长不短的距离？这幢淡雅的高三楼，如今也似乎真的成为最熟悉的陌生人，像是黑洞，有吞噬人的磁场。周围的人来来往往，却始终没有一个人能像你一样，蹦蹦跳跳地越过我身边，强制性地把另一个耳塞塞进我耳朵里，说，丫头，互相打气吧。

而你，真是像那歌唱的一样，远走他乡了。

"我将展开翅膀，我将学习飞翔。我将努力直到我接触天涯，我将许下心愿。尝试一下，奋斗一回远走他乡，脱离黑暗，冲向光明。但我不会忘记我所深爱之物，我将独自冒险。"

那时我们每次路过高四生的教室时，你总会一脸悲壮地跟我说，丫头，咱们要拼就拼这一回，高三我打死也不敢重来一回了。高四在我们眼里，其实就是一个悲哀的概念。可是2008年那个夏季，又是谁拿到了理想大学的通知书，还哭得梨花带雨的，死命劝我，丫头，复读吧。

## 还有一个人对你念念不忘

◎幾米

只是一个人的校园，怎么都觉得过于宽阔了，而且，这400米的跑道，没有你的陪伴，好像永远没有尽头似的。到现在我还保留着很多跟你在一起的习惯。比如你说高三成绩重要，但身体更重要，于是我们天天去跑3000米。而我一个人的高四，就自作主张除掉了你那份，改成了1500米。呵呵，还有，午休的那半个小时我也会自个儿跑去植物园读那些贴在树干上的标签。尽管早在2008年，我就把它们的名字、品种都熟记在心。

一直没变的，还是听那首你最爱的《远走高飞》。Kelly那充满穿透力的声音时常在我梦里咆哮，不是梦魇，而像是一种冥冥之中在召唤我的神灵。

小西，你给我的信件我都细细读了。字里行间隐隐的谨慎让我觉得有点儿难过。高四从不是我的梦魇，更不能成为你的负担。我心中始终有可以征服一切的勇气，无论是三个月后的高考，还是未来的种种未知数，我都有自信可以一个个跨越。小西，你等我。我也会循着你的脚步，向你靠近。让我们再没有空间的阻隔，也让梦想的靠近不用再经过千山万水。

《圣经》里面说，我们祈祷，无论什么，只要信，就必得。

"想要吹着暖风，睡在棕榈树下，感受海浪拍击，搭上一辆快车，登上一架飞机，展翅高飞，我将远走他乡。"

（摘自《中学生博览（综合版）》2009年第10期，潘英丽图）

亲爱的医生：

关于这样的恐慌，我一直说不出口。

我是一个游泳教练，可以用自由式一口气游完3000米，但我却时时都有溺毙的恐惧！我惧怕水，总觉得自己即将灭顶，甚至在小小浅浅的泳池里，这样的画面都会不断浮现。

曾经我救起过19条落水垂危的生命，却一点儿也无法挽救自己对于"不断沉浮"的害怕。

写信给你以后，我将独自游过一个陌生而美丽的湖。如果上得了岸，我将辞去工作，永远脱离这样的梦。如果上不了岸，请你替我永远保守这个荒诞的秘密。

为我祈祷与祝福吧！

善泳却恐水人——爱泳

5月16日

亲爱的阿曼达姊姊：

最近我喜欢抬头看着宽广的天空。

走在街上，总会忍不住停下来，看云霞落日，群鸟飞过，看细雨飘飘或者被风吹起不断盘旋上天的塑料袋。幸运时，还可以看到彩虹浮现。

夜晚，我看星星闪烁，对着月亮说话，或者看灰蒙蒙什么都没有的夜空。

我呆呆地看着天空，路人也常常好奇地陪我望向天际。他们问我，到底在看什么？我总是笑而不语。我只是厌倦用正常的角度看世界罢了。

前天，我戴着你送我的帽子，站在街角看了一下午的天，心情大好，觉得自己仿佛像鸟一般地飞起来。谢谢你！谢谢老天。

莲花妹妹<br>5月30日

亲爱的大目：

此刻，湖畔的阳光温暖，椰子树影在眼前跳舞，天很蓝，云跟风在慢跑，空气中弥漫着水果的香味，小孩子的嬉闹声，忽远忽近，忽近忽远……

你是否还在加班？你那儿出太阳了吗？听说阿P又住院了，估计这次很难了。小东的抑郁症又来了，鬼鬼还陷在牵扯不清的恋情里，失魂落魄地令人讨厌。芝芝失业了。

有时想想，我们这群朋友真悲惨，人生多变，忙什么？争什么？还不都一样。

一朵一朵的云飘过眼前，聚在一起又飘散……你知道的，我最痛恨鼓励人上进，不过还是要说声加油，祝你加班愉快。

红玫瑰<br>6月1日

亲爱的妹妹：

夏日的乡下，你走失了。你的一只拖鞋在芋田水面上漂浮，爸爸妈妈哭着跳进及膝深的水塘里，跪在淤泥中摸索……

那时你在哪里？

祖母在祠堂里，拿着香对着在天上的祖父哀求威胁，如果没有找到你，将永远不再祭拜他了……那时你在做什么？哭吗？

夜晚，伯父到别的村子四处打听，有没有见到一个迷路的四岁小孩？我们沉默凄苦地等待，老钟滴滴答答的声响，听来惊心动魄……那时你睡了吗？

两天后的黄昏，你被送回，坐在脚踏车后座的你没哭没闹，一身新衣裳。

童年往事，我大都遗忘，独独这事我清晰地记得。是否因为我们童年记忆不同，注定我们的人生如此不一样？

小哥<br>6月19日

亲爱的宝宝：

昨天我爬出窗口，站在17层高的窗边看黄昏的落日。

我大声歌唱，一首接着一首唱得好兴奋，甚至觉得世界是我的，美丽的未来即将来临。

可是，每当我爬进屋内时，就感到更深的孤寂。我只好又爬出窗外，望着迷蒙的星光，继续大声歌唱。

我唱得口干舌燥却不忍离去，好想唱歌到天明。我累了，蹲坐窗边，看着城市闪烁的灯火，心中升起一股暖意。

我一定不是这城市里唯一的怪人，一定有一个人跟我一模一样，空虚时对着夜空唱歌到天明，也许我永远也遇不到他，但我熟悉他的心情。

天亮了。我要去睡了。

鸭子<br>4月17日清晨5点<br>（摘自《我只能为你画一张小卡片》，<br>人民文学出版社，暖色底片图）

61

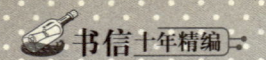

# 草的人生在地下，
## 　长出来的都是阳光

◎ 江觉迟

潘先生好！

　　感谢您的来信。素昧平生，能得到如此关切地注视，令我感念。

　　您在博客的信中，有一问：不知江觉迟是否是真名？当然是真名，父亲所取。倒并非取自"不怕念起，只怕觉迟"的意思。来源其实简单：觉，佛教语；迟，有谦虚之意。父亲本意是希望我能以佛教之善根去爱人，用谦虚的心态去做人。

　　可能正是父亲的这种期待，给了我责任和动力，让我能够持续去做一些事。虽然您在信中说，"你所做的，是一般人都能做的，而你所做到的，却非一般人可以做到"。

　　我倒认为，其实很多人也和我一样，正在充满热情地做他们认为有价值的并且充满爱

意和力量的事情。就如您，不也正是如此吗？

我没您信中说得那么好，那么坚强，我与其他的人相比也并无不同。甚至连那一直支撑我，令我觉得内心充实的力量，也不是我自身原有的力量。我在草原五个年头，写下60万字的日记，最后才变成这本《酥油》。

我在日记中记下了我所有的懦弱、流泪和逃避，同时也记下我的幸福、感动和激励。是谁，在推着我一直往前走，在荒凉藏区的地方一走就是五年？正是那些我一一找回的孩子。我所有的新奇、新鲜只陪我走了一程，而我在深山、草原找到的那些孩子，却拉着我、推着我，仰着头朝天笑着让我走了五年。

父亲说，所有你帮过的人在事情发生的那一刻，都在反过来帮你。他说，要做就好好做下去，不要放弃。那是我最后一次见父亲，我使劲点头，让他觉得我还是个小孩，眼里含着泪。但那时我其实已经很坚定了，内心充满了力量，而且并不觉得自己在帮谁，草原已成了我的全部。

人生有好多条路，在我不知道走哪一条的时候，我遇到了一位藏地活佛，开始了自己的草原生活。在我治病回来的这些天，在朋友的鼓励下把日记改写成小说的这些天，我格外怀念在山上的日子。

我想我是幸运的。那些孩子，在人烟稀少、几百里一个的帐篷里躲着的上不起学的孩子、孤儿、私生子，一个个被我找到。

他们唱歌，用那么亮的眼睛新奇地看着我，他们把我想象成一个完全陌生的世界，他们用我教的汉字写我的名字……这就是我的草原生活。所有的凶险和艰难，只会让过往变得珍贵。

谢谢您，潘先生，您的关注让更多人知道了我的《酥油》。给您写这封回信时，我忽然非常想念曾无数次给我心灵指路的多农喇嘛。如果说人生有奇遇，我想我遇到了，还不止一次。再次感谢你们这些真正非凡的人，谢谢！

如您所说，爱与勇气从来都贮藏在我们的内心，从未远去。也许只要一次低头，一次静穆中对自身内在的观想，那种原本属于我们的力量，就会涌现；那些贮藏在我们内心深处的爱与温暖，也会涌现。是的，充实丰满的人生有无数的形式，绝不仅仅是如我般去藏区草原支教。

安静下来，用一点儿心力，做能体现自己价值的事情，让自己感动，并将这种感动化为爱心，以任何一种形式传递，或许只是给陌生人一个微笑，都好。

最后，您在信中送给了我一句非常美好的话："愿每个清晨比前夕更美好，愿每个明天比昨天更富饶！"谢谢您，我愿把《酥油》中多农喇嘛的一句话转送给您及所有人："草的人生在地下，长出来的都是阳光。"

江觉迟

（摘自新浪网江觉迟的博客，王华图）

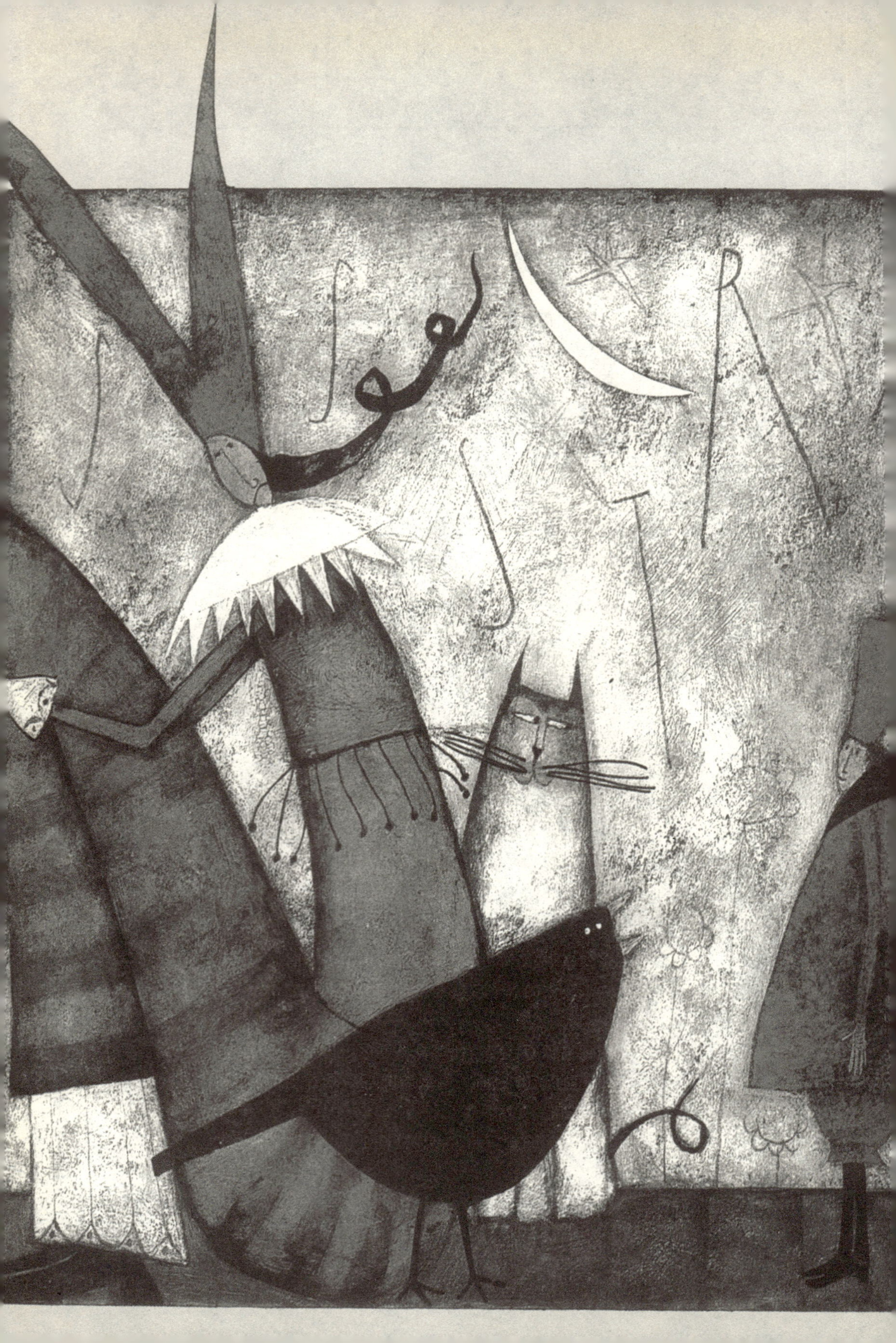

# 尘中缘

　　也许你我曾在熙来攘往的街头擦肩而过，也许你我的目光抚摩过同一朵云彩，也许你我正陶醉于同一本书同一段音乐，也许缘分已安排你我朝彼此走来，也许……陌生人，我们的命运尚未交集，却在冥冥中密不可分。

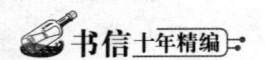

亲爱的你们：

你们好！

这个称呼想了很久。因为不知道您是谁，也不知道您的性别，您的年纪、经历和欢忧。唯一知道的，只有您的目光，在电视机前守望着我们，已经有好多好多年了！

元旦的今夜，您在哪儿？窗外是在飘着雪吗？抑或是有一轮朗月？身边有人牵您的手吗？对来年，您是否已经许愿？

您在哪儿，我在这儿。

星星看得见，海角天涯，山遥路远，我们一直在一起，该有多好！

我们是湖南卫视的节目主持人，一群在您的笑泪、爱护中，甚至是怪怨之中，折射出光芒的普通人。也许，长得好看多一点点；也许，会说话多一点点。但是，正是因为一路上有您的守护，我们才如此地幸运。我们会在这个舞台上，努力地折射哪怕一丝的光芒。

# 给观众的一封情书

◎ 湖南卫视

请原谅！请原谅我们每一次在街头，您认出我们，但是我们却不认得您。我报以您亲切的、如同在屏幕上一样温柔的微笑了吗？我想我没有。或者，当您怀着忐忑的心情，跑过来找我签名或者合影的时候，我无意间累了——我皱了一下眉吗？我们经常反省，是不是无意间伤害了您？如果有，我多想喊出每一个你们的名字，说一声，对不起！

请原谅！我们主持人也有这样或者那样的缺点。我们也像您一样，会疲惫，会脆弱，会生病，会偶尔的不勇敢；我们也会像您一样，会喜怒哀乐，会渴望无拘无束，会喜欢好吃的、好玩儿的。我们也希望有自己的秘密，甚至是怪异的性格，也期盼每一个周末和节假日能够和爱人、父母、家人待在一起。

可是我们不能。因为小小的我们，被大大的你们爱着。

我是汪涵，我是何炅，我是谢娜，我是曹颖，我是魏哲浩，我是李湘，我是欧弟，我是仇晓……我们都是湖南卫视的普普通通的一个节目主持人。

在这一生转瞬即逝的灿烂当中，终归有一天我们都会和您一样，归于沉寂，如同太阳隐没在海面之上一样。我想我们终会有一天，会和您一样，两

尘中缘

# 这一次，上帝与你同在

◎ 铁杆米兰

鬓渐渐地生起了白发。我们有一天会老，有一天会拄着拐杖，在街上又碰到今天的您。也许我们老到什么都不记得了，就如同您，或许也会忘记我们一样。生命里的选择太多，我无法要求您永远都记得我们台的每一位主持人。曾经也是新人的我们，现在身后追着一大群的新人。而所有的年轻，都会随着这舞台上灯光的一熄一灭，渐渐地老去。

可是我一定会记得，就在今夜，就在这里，我们曾如何地四目相望，心有灵犀，不离不弃。即使今天所有的恩宠，都将被时间的巨浪卷走，不留下一丝一毫痕迹。我依然会记得，当下这一刻的深情重义，这——就是永恒。

每一个电视机前的您，都是上天赐予我们最宝贵的礼物。我们在这儿只能唯愿，我们也曾像惊喜一样，出现在您的生命里，在您孤单或者悲伤的时候，带给您过一点点，哪怕真的只有一点点的欢欣、坚持和勇气。

亲爱的你们，亲爱的——你们。

不管岁月多长，又多么短，谢谢在这一辈子里，我们能在这个舞台上，能在湖南卫视的这个舞台上，和您相遇，谢谢有你们在，所以，我们会一直努力！

过去，现在，将来，因为有您，我们会一直努力！

湖南卫视全体主持人
2010年1月1日
（根据"金芒果粉丝节"视频资料整理，猪茜熙图）

2010年5月28日，带着千万阿根廷球迷的梦想和希望，潘帕斯雄鹰起程前往南非。这是阿根廷战舰的又一次起航——马拉多纳和23位战士屹立在船头，蓝色和白色是披在勇士宽阔胸膛的绶带，那头顶一抹金色的阳光，又能否成为戴在勇士头顶的桂冠？多少"阿迷"们期盼，潘帕斯雄鹰能在南非的鏖战中，一路向前！一位中国的"阿迷"为阿根廷写下了这样的诗篇：

这是一条忧伤的蓝白色河流，这是一条淌着泪水的河流，很多很多年了，它缓缓地百转千回，两岸撒落着忧郁而美丽的花朵。那是雷东多飘逸的背影，那是巴蒂不羁的长发，那是奥特加奔腾的脚步，那是里克尔梅优雅的妙传，那是我们永不再来的白衣飘飘的年代。

潘帕斯草原刮起的风从河面上划过，荡起的涟漪似一双双忧伤的眼睛，那是卡尼吉亚迷茫的眼，那是巴蒂痛苦的眼，那是贝尔萨愤怒的眼，那是萨内蒂忠诚的眼，那是蓝白阿根廷高贵的眼。一双双眼睛星光般汇聚，投射在铺满夜色的河面上，所以，我们在忧伤中看见了唯美的影子。

1998、2002、2006……数字如此清冷，夜色如此漫长，当马拉多纳的最后一丝光影把1994年的那个黄昏映照得壮丽而凄美时，寒夜久久降临到了潘帕斯草原。黑暗中，我们只能隐约地看到一些黯淡的光芒。黑暗中，雷东多令人心碎的呼唤在夜风里漫漫巡行："我在场上一直寻找着你，可我找不到，整场比赛我都在寻找着你，迭戈！"

这是所有阿根廷人心碎的呼喊，这是所有阿迷们无奈的呼喊，后马拉多纳时代的阿根廷，你为何总是如此充满悲情？16年过去了，足球上帝毫无征兆地离开的巨大空白，成为潘帕斯雄鹰无法跨越的巨大伤口。整个阿根廷都在寻找上帝的轮回!奥特加、贝隆、艾马尔、里克尔梅、梅西……每一个伟大的名字里似乎都有无所不能的上帝的一丝影子,鬼斧神工的妙传,精巧华美的转身,绝地狂飚的极速,不可阻挡的射门……所有的所有,仿佛都只折射出上帝破碎的侧影,在夜空中淡淡地随风而去。

背影曼妙如斯,技巧精绝如斯,但上帝伟大的心脏却只在一个人的胸膛间强劲地跳动。上帝的血液、上帝的胸腔、上帝的心脏,永远属于把足球和阿根廷高高托起的马拉多纳。最纯粹的爱,最真诚的情感,最激越的冲动,最强烈的心灵颤音,永远属于那个把足球视为生命,把阿根廷视为生命的人——马拉多纳!

他孩子般灿烂地笑着,他孩子般纵情地让泪水流淌,他孩子般亲吻着闪光的奖杯,他心无旁骛地奔跑、过人、妙传、射门……他用热情与快乐划亮阿根廷低沉的夜空。他孩子般的眼神里没有忧伤,没有恐惧,只有纯粹,只有执著。在蓝白色河流的上空遍布阴云的时刻,阿根廷人迎回了久违的上帝,也迎回了那颗纯粹的心、那腔沸腾的血,迎回了潘帕斯草原隐隐破晓的黎明!

惊世骇俗的狂妄宣言、惊世骇俗的排兵布阵、惊世骇俗的自杀式狂攻,他用最惊世骇俗的方式,引领着蓝白色的河流在跌宕起伏中奔涌向前!河床纪念球场的暴雨、蒙得维地亚的绝杀……他用最惊险与最充满争议的方式让蓝白河流再一次沸腾着奔涌进世界杯的峡谷。

华美的探戈旋律激越地响起,那是蓝白色河流奋然前行的美妙序曲。太阳在地平线上照常升起,孤独的背影融化成温暖的记忆,忧伤的眼泪飞升出美丽的彩虹,伤感的花朵散化为遍地漫卷的尘烟。在河流最宁静的涓涓源头,骊歌激昂依旧,青春永不散场!

好运!阿根廷!这一次,上帝与你同在!

遗憾的是,2010年的南非赛场,这只潘帕斯雄鹰依然提前离开,竞技场就是如此残酷。但我一直在思忖,潘帕斯这片神奇的草原到底蕴含着怎样一种魔力,能够孕育出如此之多集灵动、飘逸、华丽、奔放、狂野于一体的足球灵魂?我们更愿意相信,2010年的7月,这次是你们的华丽转身,我们愿意再次大喊一声:"Vamos Argentina!"

(摘编自新浪网铁杆米兰的博客,王华图)

# 真正的人生叫萍水相逢

◎小 鹏

小伙子：

今天我去了你的博客，惊讶地看见了你在拉萨拍的照片，有一张是你在几只凶恶的藏獒前腾空而起的照片——你对天空做了个"V"字型手势。这张照片拍得角度特别好。

我看见你在这张照片旁写了一个字：帅！我留言说："呵，你比我还自恋。"其实，我真替你高兴啊，因为我在你眼中看见了自信，看见了一个青年该有的快乐与激情。晚上，你与我在网络上兴致勃勃地交谈起了这次旅行的收获，但最后你遗憾地说："真可惜啊，要是这次旅行能有故事发生就完美了。"然后你问了我这样一个问题："在你的漫长旅途中，是否发生过艳遇？"

我觉得这并不是一个可以用是或者不是来简单回答的问题。毕竟，故事的发生与否取决于你自身的魅力，更要讲求天时地利人和，所以可遇不可求。我到过那么多个国家，当然多少有点儿故事。我的故事体验包括两种：一种是发生了什么，另一种是什么都没发生。

一次，我在西班牙巴塞罗那，当我寻找去圣家堂的道路时，一个白领女孩主动为我指路，后来又主动陪我走了好远的一段路途。快要分别的时候，美丽的她突然停下脚步，问："可以吻我吗？"这让我受宠若惊，虽然这个吻并没有发生。其实有的时候未发生要比发生完美。

你肯定会说我错过了好时机吧，呵呵。是啊，我能看出那位女孩对我的好感，如果那个吻发生了，我们之间也许还可以继续吧。但长久的旅行下来，我对相遇有了另一种更深刻的解读。我珍惜生命里的每一场相遇，并尊重它，但不以它为生。我把它当成旅行中的风景，它们将成为我永远的美好记忆。所以我的相遇，很少会变成爱情。在感情上，我是个传统的男人，更喜欢萍水相逢的生活。

我的话，是一个初去旅行的人不能理解的，所以没过几天，你就问我："哪个地方更容易发生故事？说不定我可以在路上找到一个女朋友呢，那样的爱情多刻骨啊！"

当你这么说时，小伙子，我还是觉得你不懂得什么叫旅行的意义啊！但我不会叫你别那么想，因为每个人都有自己的出行动机。我的动机是发现美丽事物，你的动机是寻找爱情，这有什么不对呢？

但我敢肯定，慢慢地，随着你的旅行阅历加深，你就会在一次次寻找爱情的旅途中发现，它是可遇而不可求的，就如同你在工作中得到了一个极好的机会。真正的人生充满了"萍水相逢"。如果你带着一定要收获某样东西的心情去旅行，你往往会失望。毕竟我们在旅途中遇见的人是少量的，是流动的，不如我们在生活中"萍水相逢"的人来得真切。

当然，这么说不是否认了所有在旅途中由相遇演变成婚姻的爱情。我认识的一个女作家，她在西藏的一次邂逅让她记忆终生。这完全要看主人公的心情，很多爱情相遇于无心，重逢于有心。所以，爱不爱得起来，完全看你的心。记得我在从拉萨到尼泊尔加德满都的汽车上遇到一个女孩，我们彼此都不了解，彼此还觉得讨厌，但慢慢地在交谈中我们就喜欢上了对方。

有的相遇是可以变成爱情的，有的相遇则是灾难。《围城》里的方鸿渐，在回国的邮轮上和黑得一塌糊涂的鲍小姐出双入对，却发现船才到香港，鲍小姐就与他拉开距离，成了陌路人。

小伙子，有些爱情会伤到你，令你对人世间伟大的情感产生怀疑。我不希望你像方鸿渐——为了相遇而相遇，那不是旅行真正的意义！

与你同行的旅行者

（摘自《爱人》2009年2月下半月刊）

亲爱的冒名者：

你好。

在写这封信的时候，因为你，我刚刚正式注册了人人网。

知道人人网上有一个冒充我的"沈奇岚"是几个月前的事情，当时我觉得无所谓，反正大家都知道网络上未必是真实的人。后来有个好朋友跟我说，他在人人网上发现了我和我的公共主页，并给我留了言，他问我为什么没有回复他。那一刻我知道，没办法继续纵容你冒充我了，那是个我很在乎的朋友呢。

你冒充我这件事虽然有些烦人，却有它有趣的地方。

我仔细看了一下你以"沈奇岚"的名字建立的个人网页和公共主页，还真是花了不少时间和心思。上面有我的书，有我的照片，有我从前在MSN空间上随手写的不少文章，还有随手做的蛋糕的照片，连我旅行时的照片你都拿去用了。难怪别人真的把你当成我，因为资料真的很详尽。

## 亲爱的冒名者

◎ 沈奇岚

你加了一千多个好友。不少人热情留言，你还以我的名义进行回复。那些得到回复的朋友会高兴吗，如果他们知道回复者并非本人？想到这一点，我有些难过，那些本来要跟我说的话，我听不到，那么多美好的心意都被辜负了。

也可能有些读者把私密的信发给了你，里面有着她们温柔的小心思和小困惑，不知道她们有没有得到你的温柔回复。扮演那个"姐姐"的角色，并不是件很容易的事情。这几年来，我回复了几千封信，不知道你是否也愿意花这个时间，付出持久的关心和理解。

其实发现你在人人网冒充我的时候，是今年的3月11日，那一天这个世界发生了一件可怕的事情，日本发生了地震。电视上一遍又一遍地播着海浪卷走千百间房屋的场面，看着在水中漂摇的城市，我觉得生命实在太无常，活着的每一分钟都值得珍惜。那一刻我闪过一念，假设有一天，我被海浪卷走，从此不再回来，而在这个生者的世界里，你这个冒充者还在网络上继续活跃着，继续扮演着"那个姐姐"，倒也是一件有趣而离奇的灵异事件。

每个人都在为自己觉得有意义的事情奋斗着。在网络上扮演我，对你的意义是什么呢？

构成我这样一个叫做沈奇岚的人的事情，你无法真正经历。那些让我欢笑的朋友，那些折磨我又营养着我的书籍，那些接受过的陌生人的善意，那些充满着火花和啤酒的谈天，那些让我难过纠结的世间事，那些游历过的蓝天白云大地，还有我深爱的亲人们眼角的皱纹和泪花……这些点点滴滴形成了我，是我生命的真正意义。而你所贴的我的照片我的文章，只是我生命中非常小的一部分。

我想说的是，你将来回首现在的这些日子，可能会后悔，因为你把自己的生命和时间用在了去扮演一个不属于自己的身份上，于是你得不到真正的属于你的生命体验。即使拥有一千多个好友，那些好友也认为自己是"沈奇岚"的朋友，而不是你这个扮演者的。你得不到属于你的友谊，多可惜。但是我也知道，当人执意要做一件事情的时候，肯定是要做的。

所以我希望你把那个冒充的网页改成你自己的名字，这样你就拥有属于自己的朋友，你也就拥有了属于你自己的生命体验。因为借用我的名字而得来的东西，始终都不是你的。我希望你拥有属于自己的人生。"扮演沈奇岚"这件事情，不值得花那么多时间。

前天我看了一部关于超新星（Supernova）的纪录片。超新星是某些恒星在演化接近末期时经历的一种剧烈爆炸，爆发中会释放出大量致命射线。据说三叶虫灭绝就是因为经历了一次远处的超新星的爆炸。你可知道，在遥远的星际，有一颗超新星正在活跃期，而它的射线方向刚好对准了我们的地球。所以，一切都不过是聚合、离散。一瞬间，所有都将消逝，只留下美丽的星尘。

未来的某一天，我们都不过是尘埃。请珍惜属于你的生命和时间。

奇岚

（摘自《女友·校园》2011年第10期，猪茜熙图）

# 陌生人的回信：
## 这个世界暖暖的
◎ 未注册用户 编译

恶作剧玩大了也会有意想不到的收获，有位比利·吉尔哈特先生，就是恶作剧创作人员中的典范。1994年，一心想搞写作的他正待业在家。无聊的人总会有些无聊的想法，于是他开始召唤内心的童真，虚构了一个叫比利的小朋友，并在一些练习本内页上用儿童手写体写下各种信件，然后寄给有名的、没名的各种各样的人，问一些奇怪的问题，请求他们的帮助或者建议。

这个小比利还真是精力旺盛，他曾写信给英国前首相约翰·梅杰咨询竞选班长事宜，也曾和杀人犯讨论退学的问题……问题形形色色，覆盖方方面面，最关键的是，他竟然得到了各种形式的回信。有些回信是一张签名照，有些是秘书级别的人代为回复的，但更多的是详细、认真、并不敷衍的长篇回复。有些回信还当他是个孩子，有些则完全用大人世界的措辞来解决他孩子一样的问题。

这个"恶作剧"进行了15年之久，直到2010年3月，他才从一千多封回信中精选了120封整理成册，出版了一本叫《小比利的信》的书。

### ✎ 写给流浪人

亲爱的流浪人：

这是我们学校的一个项目，进行到一个关于职业的特殊单元，要求我们给从事自己理想工作的人写信。我最想在7-11便利店工作，但是如果不可以，我希望我能成为一个流浪人。你能告诉我，如果我想成为一个好的流浪人，我应该学些什么吗？

谢谢。

比利

亲爱的比利：

非常感谢你的来信，希望我能够回答你的问题。

来信里，你问到在学校应该怎样学习，才能成为一个好的流浪人。我要告诉你的是，流浪人其实并不是一种工作或者职业。比利，流浪人是这样一群人，他们对生活中的一切充满好奇，相信能够凭借自己的能力过上有意义的日子，着迷于旅行和去新鲜的地方，最最重要的，他们尊重每一个人。流浪人相信他们自己以及他们的未来。

历史上的流浪人有过很多的工作或职业。在美国还很年轻的时候，他们帮助建造铁路，他们在西部的大牧场做过牛仔，他们也曾在建筑工程中出力，也曾在大海中航行。大多数流浪人懂得不止一种的手艺或者工作，这样可以确保他们无论旅行到哪里都能找到一份工作。有些人是印刷公司的签约画家，有些人是农场工人，有些人则在矿场工作。但他们一直认为应该为自己的食物和住所而工作。

如果你要为长大之后成为一个流浪人作好准备，我的建议是：请努力成为一个好孩子，尊重你的父母，为他们做一些力所能及的事情。如果你有兄弟姐妹，帮助他们，你希望自己如何被他们对待，就按照那样，用爱去面对他们。与此同时，做一个良民，遵纪守法，不要说谎或者偷窃，相信未来。要善待比你拥有得少的人，善待动物，爱护树木和大自然。学着去赞叹美国，因为它是个如此出色的国家。你生活在世上最好的地方，在这里你可以成长为一个总统、一个宇航员、一个科学家、一个音乐家、一个诗人、一个画家……以及你能想到的任何职业者。

　　上课的时候，你首先要认真听老师给你讲的事情。然后，学习如何去阅读。如果你不会阅读，你就学不到任何事情。之后，去阅读你所能接触到的每一样东西，书籍、杂志、报纸。学习你所在的州、你的国家乃至世界的历史。如果你不懂得过去，你就不能拥有未来。不要怕问老师问题，坚持学习你的课程，永远不要半途而废。如果你不能理解你的课本，那就去求助。当你长大后，你会为你所做的而感到高兴。如果你能够做到我建议的如上所有的事，我十分确定7-11会因聘用你而感到自豪。

巴兹·波特

注：巴兹·波特，《流浪汉时报》编辑。

## ✏ 写给谋杀犯

亲爱的阿特金斯夫人：

　　我正在考虑退学……我的朋友埃迪说我应该写信给你，因为你（原文故意将you're拼为your以模仿小孩子的拼写错误）很酷，你觉得我的计划怎么样？请你一定要回信。

　　谢谢。

比利

亲爱的比利：

　　我不认识你的朋友埃迪，但是我很高兴他能建议你来问问我的想法。尽管我不知道一个在监狱度过30年的人能有多"酷"，但我很感激埃迪对我的信任。

　　比利，我在快18岁的时候退学了，这是个天大的错，也是一大串错误里的第一个。退学之后，我作的每一个错误的选择都让我付出了越来越多的代价。并不是在钱财或者类似什么方面，而是自尊，每个错误都让后果变得越来越糟糕。我当时能有多聪明？比利，我现在在监狱，我可不管这个叫"聪明"或者"酷"。

现在，我退学32年之后，我比当时年纪大了很多，也理智了很多，但愿也"酷"了那么一丁点儿，同时也接受了良好的教育。我又回到了学校，比利。我在监狱里获得了G.E.D.（这里指美国的"一般教育发展"证书），之后我还念了大学，拿到了文科大专学位。我还完成了一些就业培训项目，包括数据处理、文字处理，我现在还是一个认证法律助理。

坦白说，比利，我并不喜欢中学。但那只是因为我当时觉得我不聪明，我一点儿也不受欢迎，学校看上去那么大、那么有吸引力，但我当时还没有作好准备。我觉得不再念书会让我看上去比较"酷"，结果我栽了一个大跟头，一下栽进了监狱。

做正确的事情并不永远那么简单，比利。有时候做正确的、明智的事情，比如留在学校里，坚持到底，而不是为了逃避而退学。

比利，我相信你很聪明。你听取了朋友埃迪的建议，你花时间给一个完全陌生的人写信，向一个年长的人询问她的意见，这样的冒险需要勇气。比利，我用心祈祷，希望你也有同样的勇气去听取我的意见，坚持到底，留在学校里，拿到你的中学文凭。我不知道你在哪个年级，也不知道你有多大，但是总有一天，你会庆幸自己没有退学的。

我会为你祈祷的，比利，请求上帝帮助你作正确的决定，不是看上去更容易的那个选择，而是正确的那个。衡量一个人的真正依据并不是他的身高、体重，或者他的财产、他从事的工作，也不是有多少人认为他真的很酷，而是取决于他的品质如何，也就是道德水平和坚定程度。如果你还不明白那是什么，你也许会想在学校再多待一些日子直到找到答案，这样你才可以成为一个有道德而且意志坚定的人。这才是我所谓的"酷"！

受过教育的人有更多的机会，作为一个有勇气有力量的年轻人，你会成长为一个懂得什么东西才是值得拥有的人，教育就是值得拥有的，也是值得去努力得到的。虽然你生活在美国，生来就有权力去自由选择，你可以自己决定如何度过你余下的生命，但是比利，这份自由带来了更多的责任，每天，每个你所作出的选择，都会带来某种后果。

比利，要作聪明的决定。每天，一点点地建造你的生活……比如一次作业、一次考试、再忍耐一节看似无聊的课、不可理喻的老师，或者在无法忍受的地方度过可怕的一天。忍耐力会造就美德。真正的美德才能叫做"酷"。

希望你能够作出正确的选择，比利。现在，你已经知道我对退学的想法了，这对你有好处。这并非你最感兴趣的。

你最真挚的朋友<br>苏珊·阿特金斯·白屋夫人

又及：比利，我和一个高尚的人结婚了，他真的很酷。他是哈佛大学法学院的研究生，现在是一个私人律师。对他来说作一个正确的决定也不是一件容易的事……但是他做到了。他是个非常明智的人，相信你也可以做到的。

你会得到我的祝福。

注：苏珊·阿特金斯·白屋夫人，1969年以谋杀罪被判囚禁，假释请求曾经18次被拒，2009年卒于狱中。

（摘编自有意思吧，猪茜熙图）

# 一条红鱼的心愿

◎ 扎西拉姆·多多

亲爱的危地马拉鹦鹉：

你好！今天早晨我过得特别幸福，因为阳光透过云层，不温不火不寒不凉刚刚好，我泡在刚刚好温暖全身的海水里，我觉得自己拥有着最安全的自由。

突然间好想给你这样的温暖，这样的自由。是的，好想给你这样的幸福。

你并不认识的阿拉斯加红鱼上

亲爱的红鱼：

虽然我并不认识你，但是很高兴收到你的来信。谢谢你对一个陌生人的仁慈与慷慨，听到你说要给我温暖和自由，我很感动，但是我也忍不住悲伤：阿拉斯加的红鱼又怎么会懂得危地马拉鹦鹉想要的温暖是摄氏多少度，他想要的自由又到底是几千英尺呢？

充满怀疑的危地马拉鹦鹉上

亲爱的鹦鹉：

你误会了，我不是要给你我的幸福，我不是要给你25.3度或者38.7度，我也不能给你三千英尺或者两万英尺。

我只是希望你能得到你最想要的那种幸福，得到最能温暖你的温暖，得到最让你自由的自由。我真的是这么想的，我只是希望你能像我此刻这么幸福。

倔犟坚持的阿拉斯加红鱼上

亲爱的红鱼：

我很感激，真的，谢谢你。可你毕竟在阿拉斯加，你毕竟只是一条鱼，我毕竟还只能在危地马拉的丛林里独自求存……

孤独寂寞的危地马拉鹦鹉上

亲爱的鹦鹉：

是啊，我毕竟还在阿拉斯加，我毕竟只是一条鱼，你毕竟还只能在危地马拉的丛林里独自求存……可是我就是止不住地想要让你幸福，也许我只能想一想而已，但是我停不了地想。也许你是我的彼岸，也许我是你的彼岸，谁知道呢，也许我们终究会相遇，然后一起到达另一个彼岸，那时候我们就彻底幸福了。

忧伤又勇敢的阿拉斯加红鱼上

亲爱的红鱼：

我知道有一条鱼，在无尽海洋的另一头，这么深切地希望我能够幸福，哪怕仅仅是希望，我已经感到足够幸福了。

红鱼，就在打开你的来信的那一刹那，我突然感觉到了阳光透过密林不温不火不寒不凉刚刚好，我滑翔在刚刚好温暖全身的风里，我觉得自己好像正拥有着最安全的自由……谢谢你，红鱼。

幸福的危地马拉鹦鹉上

（摘自2012年2月24日《东方烟草报》）

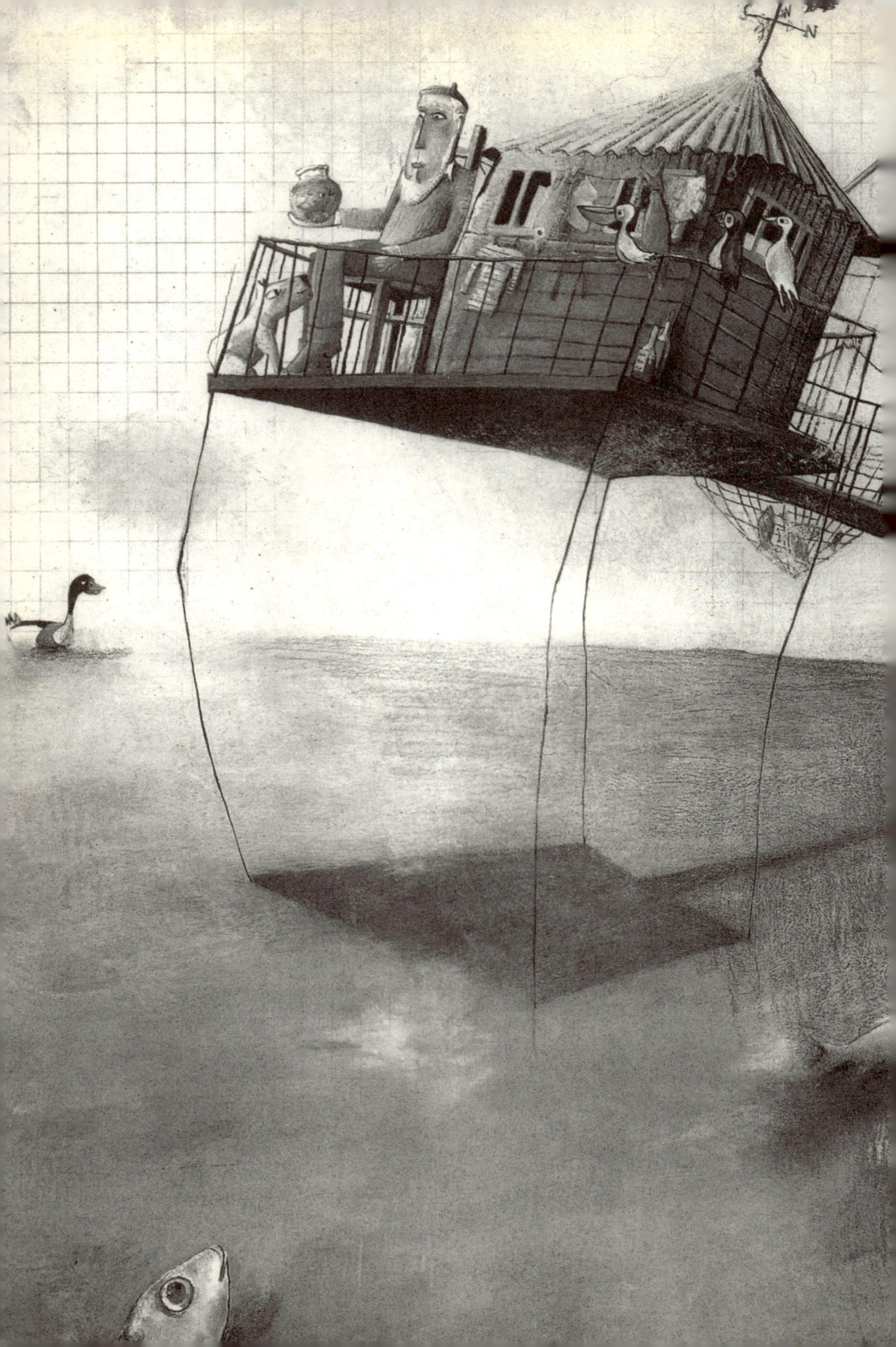

# 启迪

每当世上有人紧锁心门,就会有一道光破窗而入:做一枚指南针,为迷路者指明方向;做一座灯塔,为夜航船照亮海港……有时候,一句话语能让人醍醐灌顶,一个故事能使人豁然开朗。真正的智慧,往往四两拨千斤。

老李：

昨天通完电话，我才发现，你问我的那些问题太严肃了，比大部分成年人都认真，我觉得我得写封信才能说得清楚点儿。

我最喜欢的物理学家是个美国人，叫费曼，他对一个对物理感兴趣但又怕数学学不好的孩子说："如果你喜欢一件事，又有这样的才干，那就把整个人都投入进去，不要问为什么，也不要管会碰到什么。"

你沮丧地问我："可是我要做什么是不是已经安排好了？"这并不重要，真正的问题是："给你自由，你又想做什么？"

你说还不知道自己真正的才能是什么。

是，16岁的时候，我听电台和"看闲书"的时候，还没想过这两样事儿都可以称为一个职业呢。

你九岁的时候已经拿到全国车模比赛的奖，这里面有我认为的天分，至于是什么，你要自己找找看。

你说："可是那是玩啊！"是啊，最好的工作就是玩，当你玩得越来越好时，就会有人付钱让你继续玩下去，那就叫工资。

"姐姐，那你这些年是在玩吗？"是啊，我有时候必须装着愁眉苦脸的样子，才能瞒过很多成年

## 给老李的信

◎ 柴 静

人呢。

可你马上要升高中了，有一大堆功课要做，你总是很紧张，甚至连睡觉都觉得抱歉，更别说玩了。嗯，我知道，在未来的三年里，你是不可能放松下来的。我说什么也没用，你会逼自己的，你不逼，环境也会逼的。

你让我给你个建议，老实说，虽然中美国情不同，但费曼的建议跟我想的差不多："拼命去做自己最喜欢做的事，另外想办法保持别的科目能低空掠过就行了，别让社会出面来阻止你，让你一事无成。"

另外，还上不上人大附中，对你是个问题。我的意见是，想上就上吧，只是别把这个名字太当回事儿。

三年前，你才一米六，穿着白色校服走在街上，你喜欢别人看你的眼光，是挺来劲的……但到了一定岁数就别这样了。我知道一哥们儿，四十多了，还把结识"人大附"的人当成特得意的事儿，你觉得怎么样？

1967年，费曼辞去院士，他讲他在心理上非常排斥给人"打分数"。他说："每次一想到要挑选出谁有资格成为科学院院士，我就有一种自吹自擂感觉。我们怎能大声地说，只有最好的人才可以加入我们？那在我们内心深处，岂不是自认为我们也是最好、最棒的人？当然，我知道自己确实很不赖，但这是一种私密的感觉，我无法在大庭广众下表示出来。尤其是要我决定，谁才够格加入我们这个精英俱乐部时，我更是精神紧张。"

我认识的真正棒的人都没有把什么标签真当回事儿的，他们不是对"精英"不满或者抗议，他们只是不从这个角度去看待世界。

这一点你可能不容易理解，因为从你小的时候，世界就被分成了很多阵营，"山西人""北京人""有钱人""穷人""甲级名校"……起初你也带着不解甚至愤怒，后来你慢慢接受了。你也会问我们，但你并不重视答案，你只是观察我们。但我希望你只观察这几点，谁是快乐的？什么让他快乐？这快乐是否持久？是否不受外界评价和变化的影响？如果是，这快乐是什么？

费曼是怎么想的呢？他说："财富不能使人快乐，游泳池和大别墅也不行。"他还说过一句很重要的话："没有一项工作本身是伟大的或有价值的，名誉也一样。"

生命中真正的乐趣，是当你沉潜于某一事物，完全忘我的刹那。费曼说："它是一种内心的平静，已超越了贫穷，也超越了物质的享受。"

对我来讲，一切都不重要，住在哪里，挣多少钱，甚至当不当一个记者，我们并不是为了成为什么样的人来到这个世上的。

还记得你刚来时我带你去游泳吗？夏天回来的路上，我们湿漉漉地在夜风里走，你站住脚，望着星空，问我宇宙有没有形状，我拉着你的手，站在那儿，看了好久。

我会老的，你还年轻，也许有一天，你会向我解释宇宙的形状。那个时候，我会高兴我们的每一天都活着，不断认识着这个世界，我们还像那个夏天的夜晚一样，单纯、平静、自由。

祝福你。

姐姐

（摘自《文苑》2011年第5期，一一图）

亲爱的蓝：

你写的信，其实我早已经收到。

这些天来，我一直将它放在床头，翻来覆去地看，但还是不知道该如何给你回信。

我害怕给不了你想要的答案，作为比你年长十岁的姐姐，我理应给站在人生十字路口上徘徊的你，一个正确的、乐观的指引，可是，亲爱的蓝，我不能。

16岁之前的你，一直活在父母亲朋为你编织的美好童话里，你将这个社会，看得过于单纯。世界在你的眼中，就是一朵芬芳的山茶花，闭起眼睛，闻一下，沁人心脾。

## 公平的规则

◎吉安

而今，我只是想告诉你，真实的世界，除了有良善、公平、无私、光明，也有邪恶、不公、自私和阴暗，某一天，你会与它们不期而遇。

你说你的老师们总是告诉你，只要拼搏，就会有收获，命运对每个人都是公平的；而你，也一直坚信，面对这场对你一年后保送名牌大学具有决定意义的考试，全身心的付出必会换来丰硕的果实。

你走出考场，自信满满地发短信告诉我，说你的一只脚，已经迈进了名牌大学的门槛。这两年你的综合排名始终是整个年级的第一名，所有老师都认为，你就是那个半年后在光荣栏里熠熠闪耀的明星。

可是，偏偏，与你一起竞争的，有校长的儿子；偏偏，批改语文试卷的老师，是竞争对手的班主任。于是，你昔日引以为傲的经常在班里当范文的作文，竟然拖了你的后腿，让你的成绩落在校长儿子的后面。

这样的结果，让你失落感伤了许久。你付出如许多的汗水，到头来，却收获了遍地的荒芜。不公鲜明得犹如白墙上的黑色油漆，你用刀子痛苦地去刮，却发现，一切都是徒劳。

亲爱的蓝，知道你为此难过了许久，一度不知道该如何面对，你怕那些幸灾乐祸的讥讽，你怕老师额外的关心，你怕亲戚朋友的追问。每一次被人提起，都似将那刚刚结疤的伤口，硬生生撕裂开来。你不知所措辗转反侧却依然想不明白。

你问我，大人们说的话，是不是都是假的？为什么他们一直只是在告诉你要努力，却从来忘了告诉你，这个世界上不是所有的事情，只要努力就能成功的，而假如不公站在你的面前，生生将机会夺走，那么，你又该如何应对？

# 如果我是你

◎ 三毛

不快乐的女孩：

你短短的自我介绍，看起来十分惊心：29岁的你居然用了——最底层、自卑、平凡、卑微、能力有限，这许多世俗强加给你的定义来形容自己。

不快乐的女孩，你的心灵并不自由，所以你的人生充满了失落与怨怼，是不是？

当然，我并不是一个智者，也没有做到绝对看透与超越。可是，作为你的朋友，像你信中所写的那些字句，我早已不再用在自己身上了，虽然，我们比较起来差不多。不快乐的女孩，让我们来换个位置，用心去体会生活的博大与深邃。

如果我是你，第一步要做的事是加重对自我的期许与看重，将信中那一串又一串自卑的字句从生命中扫除，永远地删除，再不看轻自己。

你有一个正当的职业，租得起一个房间，容貌也不差，懂得在上下班之余更进一步去探索生命的意义，这都是很美好的事情，为何觉得自己卑微呢？你觉得卑微是因为没有用自己的观点审视自己，而是用了功利主义的视角，这是十分遗憾的。

要知道，一个不欣赏自己的人，是难以快乐的。

如果我住在你所谓的"斗室"里，我做的第一件事就是布置我的房间。我会将房间粉刷成明朗的白色，挂上美丽的窗帘；我会在床头放一个普通的小收音机，在墙角做一个书架，给灯泡换一个温馨的灯罩；然后，我要去花市挑几盆赏心悦目的盆景，放在我的窗口；如果仍有余钱，我会去买几张名画的复制品——海

---

是的，蓝，不是所有的PK，都有公平的规则。

总有一些人，千方百计地寻找规则的漏洞，趁机跳到你的前面，让你所有的辛劳，都付诸东流。而这时，你究竟是执拗地与这种不公斤斤计较，甚至都走不出它的阴影，还是淡淡地一笑，权当一次人生的经验，便继续你的行程？

亲爱的蓝，失去了保送的机会，你还有一次高考。要知道，命运在向你关闭一扇窗的时候，你应该学会继续前行，继续努力，寻找另外一扇通向鸟语花香的大门。

亲爱的蓝，当你向我抱怨的时候，其实我也经历了同样的不公，研究生毕业的我携着优秀的成绩单奔波于大大小小的公司，可是总有人找出这样那样的理由，将面试成绩排在前列的我淘汰掉，性别、学历、长相、地域，都能成为我被拒绝的理由。

假如我在这样的不公面前，与你一样焦灼、愤怒、迷茫，那么，或许关掉的不仅是这一扇门，更多的门会在我的犹豫徘徊和无休止的抱怨牢骚中皆冷漠地闭合。

没有什么机会，会等在你必经的路口。所以亲爱的蓝，为何要在你无力争取来的荣耀面前，用悲伤和泪水度日，并因此，错失那些可以让你公平地展示自己的PK？

亲爱的蓝，原谅这一次我无法给予你任何良方，助你夺回本应属于你的骄傲。比你多走了十年的路，让我只能如此残酷地告诉你，生活不是童话，童话的结局是温暖与幸福，但生活却有千百种可能性。你所要做的，是怀揣着童话，在跌跌撞撞中找寻另外一片明朗的晴空。

（摘自《中学生百科·写作》2008年第9期，沈骋宇图）

报似的那种，将它挂在墙上……这么弄一下，生活会有趣得多。

布置好房间，是改变心情的第一步。

然后，如果我是你，我要给自己买一件美丽又实用的衣服。

如果我觉得心情不够开朗，我很可能去一家美发店，修剪一下终年不变的发型，换一个样子，给自己耳目一新的感觉。

下班后还有四五个小时的空闲，那时候，我可能去青年会报名学学语文、插花或者其他感兴趣的课程。没有压力的那种学习，是充实自己的另一种方式。

你看，如果我是你，我已经慢慢地改变了。

我去上上课，也许可以交到一些朋友，我的小房间既然这么美丽，那么也许可以偶尔请朋友来坐坐，在家里或许不大但是整洁的小厨房里做清淡可口的饭菜招待朋友，我们听着安静的音乐，吃饭、聊天、谈谈各自的生活和梦想。

慢慢地，我不再那么自卑了，我勇于接触善良而有品德的人（这种人在社会上仍有许多许多）。我会发觉，原来大家都很平凡——可是优美，正如我自己一样。我更会发觉，原来一种美丽的生活，并不需要太多的金钱便可以实现。

如果我是你，我不会再等三毛出新书，我要自己写札记，把生活中点点滴滴让我高兴的事情都写下来，在心情不好的时候自己欣赏。我慢慢地会发觉，我自己写的东西也有风格和趣味，我真是一个可爱的女人。

不快乐的女孩子，请你要行动呀！不要依赖他人给你快乐。马上去做，事情没有你想象得那么难。

直到今天，我仍觉得，在这个世界上，最大的快乐是帮助他人，而不是只在自我的世界里享受——当然，享受自我的生活也是很重要的。在平凡的生活中，你要先假想自己所做的一切都是为了别人，有了这种期许和责任，你就会很轻松地帮助自己建立起信心。只有这样，你才能真正下定决心改变目前的生活方式，把自己弄得活泼起来，不让宝贵的年华在虚无的伤感和懊恼中白白流逝。

听我的，起码你要试一下，尽力地去试一下，好不好？

享受生活的方法有很多种，问题是你一定要有行动，空想是不行的。

下次给我写信的时候，我希望你署名为"快乐的女孩"，将之前那个恼人的"不"字去掉。我等你！

你的朋友三毛

（摘自《谈心》，哈尔滨出版社，一一图）

# 景气寒冬的微光

◎张曼娟

亲爱的阿靖：

那天，我们一起看电视，新闻节目里分析着未来的景气状况，学者专家纷纷预言，今年会越来越糟，明年比今年更坏，后年才真正跌到谷底。从谷底再爬升起来，不知道还得经过多少年？大人们讨论起哪个朋友失业了，又有哪家科技公司数千名员工休无薪假，此起彼落的哀叹声中，我转头注视着你的侧脸：一半是孩子的拙稚；一半是成人的凝重。看似面无表情的你，到底在想什么呢？

等候着你的这个世界，显然与二十几年前等候着我的那个世界，是很不一样的啊。那么，我又能给你什么建议呢？

几星期前，小学堂的一个孩子跑来跟我说："老师，我偷偷跟你说，我爸爸在休无薪假哦！"

"那你就能常常看见爸爸？"我的直觉反应是这样的。小女孩却皱起眉头说："爸爸很爱生气，妈妈叫我离他远一点儿。"

"哦，这样啊。"虽然不是男人，但我觉得自己可以理解那个父亲的心情。

过了两个星期，我问小女孩："爸爸的心情有没有好一点儿啊？"

"爸爸去骑脚踏车了，他还到山上买高丽菜回来给我们吃。"

这个星期，小女孩满脸幸福地靠近我身边："老师，我爸爸骑车到学校接我放学啦，这个星期，我都没去安亲班，爸爸陪我做功课，我们还去等妈妈下班，一起搭捷运回家。"

"哇！真是太棒了！"注视着女孩亮晶晶的黑眼珠，我忍不住觉得感谢与激动。

这个小女孩，显然是经济不景气的受惠者，关键在于爸爸想通了，他不想当周杰伦《稻香》那首歌里的失意父亲，不想成为家人痛苦的来源，他努力为家人带来幸福感受。这件事，确实让我对于即将笼罩全球的景气寒冬，有了不同的理解。换个角度想，这或许是个契机或转机呢！

前几年，一位熟识的计程车女司机和我聊天时说，她读到一本翻译书，说是因为经济不景气，我们将慢慢回到60年代的生活。"你说，有这个可能吗？"女司机问我。

亲爱的阿靖，60年代？不就是我出生的年代吗？环视着城市里错综繁复的高架桥与绵延不绝的车水马龙，我感到怀疑，怎么可能回到60年代？

这几天，计程车女司机问我，还记得她曾说过的，经济不景气，将倒退至60年代的事吗？她说她发现许多餐厅门前，真的是门可罗雀，但是，通往郊区的山径上，却停满了大大小小的车辆。许多人都是一家大小出游，他们舍弃了在餐厅聚餐的方式，改为户外活动。一片青草地、一座小森林、一条溪水畔，铺一张野餐布，围成一圈坐着，将料理好的食物摆放出来，就这么吃起野餐来了。确实是为了应不景气，改奢华为朴实了，然而，却有机会与自然亲近，这是多么难得的幸福！其实，60年代的我们，就是在这样的环境中长大的。

那时候，我的父亲也曾骑着脚踏车载我去上学，我的母亲总是预备着野餐带我们去郊游。那时候的天特别蓝，溪水特别干净。如果，景气的寒冬是重返60年代，让我们有机会与家人更常相处，让我们的生活与心灵缓慢下来，那么，亲爱的阿靖，这未尝不是一个大好的形势，一个奇妙的转机啊。

看着你的侧影的我，静静地微笑起来。

（摘自2008年12月29日《联合报》）

# 如果你值得被爱被尊重

◎ 沈奇岚

亲爱的露露：

谢谢你的来信，和我分享你的忌妒。

升学之后的竞争让你不堪重负，压力那么大，成绩很糟糕，甚至需要请家长。让你最恼的却是从前的同班同学，那个你帮助过的同学。你说："她的成绩越来越好，她也越来越看不起我。总感觉她的眼神里有刺，可以把我的伤疤一层层剥开。"你说："在我很小的时候，我就下决心一定要考上理想中的大学。"可是你现在觉得那个梦好远，十分悲伤。

其实你不是真的忌妒那个同学。年轻的你不知道如何消化那巨大的竞争压力，于是就转化成了对那个同学的忌妒。这是人之常情，没关系的。以后你长大了就知道，很多忌妒的诞生，是源于自身生活中那些不愿面对的挫败感。那个同学未必看不起你，是你自己看低了自己。

你陷入的这个圈套叫做"假想受害者情境"。我们来说说你是怎么掉进去的。

没错，成绩。你把成绩当做了衡量自身价值的唯一标准。成绩差的时候，觉得自己任何方面都很糟糕。

我想告诉你的是，成绩在你的整个生命中，不值那么多的情感，不值那么多的眼泪，不值那么多的难过。没错，我们从小就在一张张考卷中度过。成绩决定了父母的心情，因为他们觉得成绩决定了我们的前途。我们在从小生活的世界里，一直被灌输"只要读书好，什么都好"的想法。你要谅解那些大人们的好意，在他们的生活经验里，没有想过这种单一的价值观会对孩子造成怎样的压力，这种简单粗暴的分类会让孩子的自尊多么受伤：成绩好就是优生，成绩差就是能力不足的差生。

你的焦虑来自于这个武断的分类：成为了所谓的"差生"，没有前途、没有希望。

亲爱的露露，你的焦虑每个人都有过，因为每个人都可能在生命的某个时刻，无法通过某种形式的考试。可是那不一定代表了没有前途或者失去理想。只有当你把成绩和考试作为唯一标准和唯一手段的时候，这个"成绩和未来"之间的逻辑关系才成立。

告诉你一个我很久之后才发现的真相，就是我们历来所受的教育始终在"垂直比较"。成绩会有排名，学钢琴是因为其他人都在学，竞赛得奖是为了加分。我们从来没有想过别的可能性，就把这种竞争原则奉为了天经地义。

这个原则的本质就是：如果有人和我不一样，那么"要么比我好，要么比我差"。你衡量你同学用的就是这个标准。

不可否认生活的很多领域中垂直比较是合理的，比如体育比赛。但是一旦你把这种垂直比较扩大到整个生活中去，你永远都无法获得真正的满足和幸福。因为永远都有人和你不一样，你会把这种不一样解释为"不如他们"。你当然也可能是这种垂直比较的受益者，因为当别人不如你的时候，你会得意。你的价值感被这种垂直比较占据着。

我只想告诉你的是，不要把自己的价值感建立在和他人的比较上。唯有如此，你才可能从看低自己的假想受害者情境中走出来。一个人真正的价值，值得被爱被尊重的地方，肯定不是成绩。成绩不过是个结果，对待成绩的态度、获得成绩的方法和自律，才是值得尊重的地方。

高考这件事情，没有办法，它是规则，我们只能按照规则办事。希望你不要让它成为你全部的价值感。高考就像跑步，无论跑得快的和跑得慢的，大家都尽力了，不要因为跑得慢了就很紧张。放松一些，才能更好地发挥，总是能跑到底的。

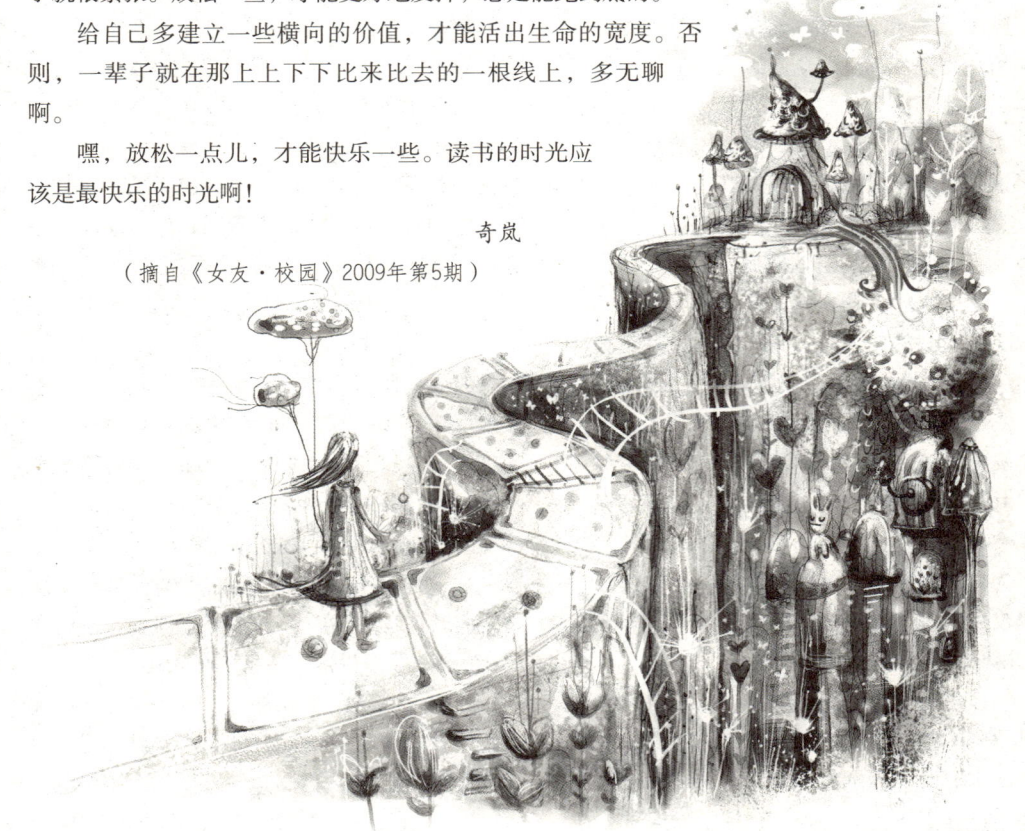

给自己多建立一些横向的价值，才能活出生命的宽度。否则，一辈子就在那上上下下比来比去的一根线上，多无聊啊。

嘿，放松一点儿，才能快乐一些。读书的时光应该是最快乐的时光啊！

奇岚

（摘自《女友·校园》2009年第5期）

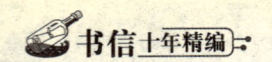

# 谎言自白书

◎ 一路开花

亲爱的孩子：

我知道你整个早上都在构想，如何毫无破绽地去报复那个贪财的老板。

昨天晚饭时，你踟蹰了好久后对我说："爸，要是楼下那家烧烤店叫你帮忙干什么，你都别干，行吗？"身为街道修理工的我没有多问一句就点了头。因为之前在饭桌上你就已经说了很多遍，中午去买烧烤时，老板硬说你没给钱，多收了一块五。你抱怨，你愤怒，说他就是我笔下的小市民。

我不能拒绝你的请求。此时我是你唯一的依靠，我得让你觉得这世界上还有与你同心之人。所以我点头了，一切遵照你的要求来办。

放学后，你用积攒起来的零花钱买了一把气枪。为了不让烧烤店的老板看见，你绕了大半个圈才回家。你站在阳台上，用窗帘隐去身形，只留一个漆黑的枪口对着川流不息的马路。许久之后，我在客厅里听到了"砰"的一声，紧接着便是玻璃碎裂的声响。我急急探头看去，原来是烧烤店门前的灯箱坏了。

一个浑圆的小孔在灯箱上迎风咧嘴，像此时静坐于家中的你。我知道，你心里是充满喜悦的，你为自己的胜利和精准的枪法而自豪。

我走到屋内，你嘿嘿冲我笑。我没有任何疑问地表扬了你，说你的枪法真棒。你听后更加得意，说你只用一枪就把那老板的灯箱给打坏了。

十几分钟后，楼下有人叫我。我想大抵是因为灯箱的事儿，他们想拜托我把它修好。可我没去，说今天很忙。因为我们早已有了约定，说好了不再帮他。

午饭过后，你把气枪放在了高柜上。它像一只骄傲的鹰，在高处俯视着我。你背着书包一路扬尘而去，不停地对着那个灯箱回头，满脸灿烂。

临走前我告诉你，好戏还在后头。你犹豫地看着我说："不用了吧？我都觉得解气了。"我愤愤地说道："这怎么行？一定要给他们好看，谁让他们欺负我儿子。晚上我让他父亲自己去装灯箱，你等着瞧！"

放学之后，你许久不曾回来。我站在阳台上搜寻，发现你正站在楼下的不远处。

你看着一个年迈的老头在人字梯上摇晃。他左手扶灯箱，右手握扳手，不停地在黄昏下捣鼓着。人字梯显然已有些年月，在微风中发出"咯吱"脆响。你知道，我兑现了我的诺言——烧烤店老板的父亲正在艰难地整修着灯箱。

他是那么不专业，不知道一次性把所有的工具都带上，非得一次次下去又上来。或许，是太过年迈，已经无法在空中稳稳握住这些东西。

当他喘气挥汗之时，你在慢慢向他靠近。你看着他满是汗珠的额头和白发，一言不发。当他正欲下来时，你主动与他说话了。我听不到你在说什么，但是我能看到，你与他同时停在了微风中。他站在高处向你指了指乱躺一地的工具，你按他的意思迅速递了上去。

他还未说谢谢，你就已经双手稳住了梯子。你是那么用力，连站在阳台上的我都能看到你绷紧的手臂。风又再起，却少了梯子摇晃的声音。

整修完毕后，你迟迟不肯归来，硬等着老头进屋去打开电源，看到灯光明亮。那个原本咧嘴的小孔，此时正散发出一缕光芒。

你一脸忧伤地走到了家门口。你不曾知道，那老头是我们街道已退休的管理员，整修经验比我还丰富。没错，是我专程请来帮忙的。

不过这些已经不重要了。因为你已经在这个毫无技术含量的谎言中自行领悟到了人性中最本质的善意与宽容。

（摘自《东西南北》2008年第12期）

# 两代人

◎ 贾平凹

## 一

爸爸，你说：你年轻的时候，狂热地寻找着爱情。可是，爸爸，你知道吗？就在你对着月光，绕着桃花树一遍一遍转着圈儿，就在你跑进满是野花的田野里一次一次打着滚儿，你浑身沸腾着一股热流，那就是我；我也正在寻找着你呢！

爸爸，你说：你和我妈妈结婚了，你是世上最幸福的人。可是，爸爸，你知道吗？就在你新喜之夜和妈妈合吃了闹房人吊的一颗枣儿，就在你蜜月的第一个黎明，窗台上的长明烛结了灯彩儿，那枣肉里的核儿，就是我，那光焰中的芯儿，就是我——你从此就有了抗争的对头了！

## 二

爸爸，你总是夸耀，说你是妈妈的保护人，而善良的妈妈把青春无私地送给了你。可是，爸爸，你知道吗？妈妈是怀了谁，才变得那么羞羞怯怯，似莲花不胜凉风的温柔；才变得绰绰雍雍，似中秋的明月丰丰盈盈？又是生了谁，才又渐渐褪去了脸上的一层粉粉的红晕，消失了一种迷迷离离的灵光水气？

爸爸，你总是自负，说你是妈妈的占有者，而贤惠的妈妈一个心眼儿关怀你。

可是，爸爸，你知道吗，当妈妈怀着我的时候，你敢轻轻撞我一下吗？妈妈偷偷地一个人发笑，是对着你吗？你能叫妈妈说清你第一次出牙，是先出上牙，还是先出下牙吗？你的人生第一声哭，她听见过吗？

## 三

爸爸，你总是对着镜子忧愁你的头发，你明白是谁偷了你的头发里的黑吗？你总是摸着自己的脸面焦虑你的皮肉，你明白是谁偷了你脸上的红吗？爸爸，那是我，是我。在妈妈面前，咱们一直是决斗者，我是输过，你是赢过，但是，最后你是彻底地输了的。所以，你忌妒过我，从小就对我不耐心，常常打我。

爸爸，当你身子越来越弯，像一棵曲了的柳树，你明白是谁在你的腰上装了一张弓吗？当你的痰越来越多，每每咳起来一扯一送，你明白是谁在你的喉咙里装上了风箱吗？爸爸，那是我，是我。在妈妈的面前，咱们一直是决斗者，我是输过，你是赢过，但是，最后你是彻底地输了。所以，你讨好过我，曾把我架在你的脖子上，叫我宝宝。

## 四

啊，爸爸，我深深地知道，没有你，就没有我，而有了我，我却是将来埋葬你的人。但是，爸爸，你不要悲伤，你不要忌恨，你要深深地理解：孩子是当母亲的一生最得意的财产，我是属于我的妈妈的，你不是也有过属于你的妈妈的过去吗？

啊，爸爸，我深深地知道，有了我，我就要在将来埋葬了你。但是，爸爸，你不要悲伤，你不要忌恨，你要深深地相信，你曾经埋葬过你的爸爸，你没有忘记你是他的儿子，我怎么会从此就将你忘掉了呢？

（摘自《活法》，中国文联出版社）

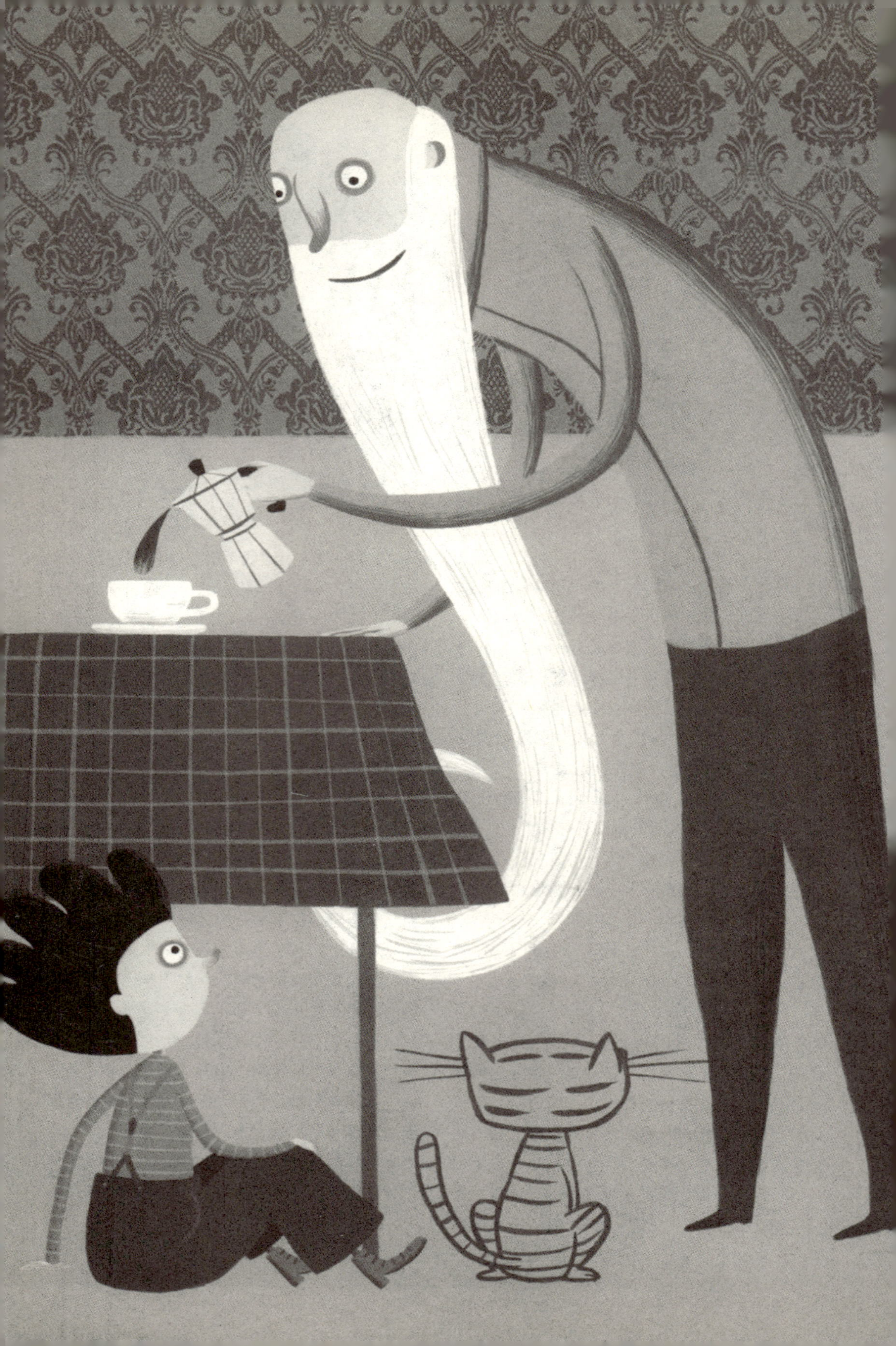

# 诚勉

　　向你讲述一个遥远的故事，故事的主角是我，却隐约有你的影子；陪你追忆一段失意的旅程，行走的主角是你，却有我温暖的陪伴。感谢这些故事，让我们看清是非对错，避免步入重复的险境；感谢这些陪伴，那话语间的鼓励，都化作温柔的力量，成为前行路上的光芒。

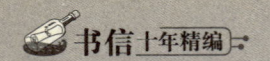

# 十万分之一的故事

◎朱学恒

半年前我收到了一封信,但我一直想不出要如何适当地回应这封信。信是这么写的:

朱先生恐龙:

我想问的是:你给我们看的都是"热情"与"创意"的成功例子,但是否有更多的人因为失败跌入困境而无法东山再起?如果辞掉工作去环游世界的那个人(指马特·哈丁)没有受到赞助,那他钱花完了,工作也辞了,他该怎么办……

我是个再平凡不过的高中生,只是当个迷茫的好学生,没有梦想,就算有,也会担忧投入后可能会付出的代价。我分内的事就是把学业顾好,升学,找工作,都是安稳地往上爬。有时也会浮出千百个问号,常觉得自己很没创意,也没很认真。请问你是如何、何时发现自己所爱,而且很有勇气地将心投入,冒着倾家荡产的风险,完成梦想的?

迷茫的高中生

半年前寄的信,一直没收到回音。这位同学搞不好也忘了这封信。但我没忘。为什么我半年都没回这封信?因为说实话,他的问题我真的不知道答案。

我不知道如果马特·哈丁拿不到赞助,最后钱花完了要怎么办?或者他为了追求他的梦想,环游了世界,梦想是达成了,人生却必须从头再来要怎么办?说实话,我真的不知道。

我当然可以随便编个理由,告诉你说上帝自有主张,告诉你说不会啦,他们一定会有办法的。但我说不出口。我知道人生不是童话。我看过很多失败的人,看过很多失败的梦想。我也知道人生不会那么优待你,没有人是天生就被祝福的。这些我都知道。

既然我没有答案,那么我告诉你我的一个故事吧。

2002年4月17号,有一个少年的生命停在那一天的那一瞬间。他身上有两张纸条:一张写着"Time to die",一张写着"帮我完成未完成的故事"。

我从来不知道这个少年的真实姓名。这个少年也永远不会知道,他写的那张纸条上的来自灵魂最深处的恸哭我听到了。

在那一天,我对自己许下了一个承诺。我不知道要怎么做到,但我要想办法改变这一切。我要想办法完成那未完成的故事。有多少人可以帮,我都要尽力去帮。

从那一天开始,我不断提升自己的演讲技巧,我想了各种各样的办法,设计大家能够接受的演讲内容,想要跟大家分享我觉得重要的事情。

从高中、大学开始,我到处演讲。每几年都会试着降低年龄层到中学去试试看,却永远都是以失败收场。但是没关系,隔几年我还是会再尝试。

我遇到过有人带着《哈利·波特》叫我签名,因为他当初不知道来演讲的是谁,所以随便带了本书来想要打发时间,后来我也签了。

我去过台湾最好的大学,去过台湾阿宅最多的大学,也去过台湾排名最后一名的大学。

我去过台湾最好的高中,也去过你一辈子都没听说过的技职学校。

我也遇到过校长一开始就叫学生随便听听的悲剧性开场。

我也遇到过时间一到12点,底下就有学生站起来举手说她要吃午饭了,我跟她说没关系你去吃呀。

我也曾经千里迢迢带着一台投影仪去，想要得到更好的效果，在弄了半天之后终于满意了，却在演讲开始前五分钟被学生一脚踹到地上去。

有时甚至因为太赶，到了现场根本没时间吃饭，马上就得上场，只好饿着肚子讲完全场。

也有过四天跑了五个地方演讲，台湾西部来来回回一直坐高铁的经验。

然后我的演讲越来越多，规模越来越大。

但我还是在大学里面开过听众只有五个人的演讲，因为办活动的人忘记当天期末考结束，大家都回家去了。

很多人问，说你最近到底在做什么？我都会回答说我在到处演讲。他们都会说，哇，靠演讲赚钱，好爽哦。我都会跟他们说，我讲一场演讲要亏五万块。他们都会说，你在瞎说。

但这是真的。2008年一年，我开了61场演讲，听讲的总人数根据各单位提供的加总数据有34082人。你猜猜看我赚了多少钱？2008年这些演讲总计亏了88万。而这些还是灯光音响公司看我可怜，义气相挺的结果。

但是，并不是因为你自己带设备，自掏腰包来演讲，人家就会尊重你。对方完全有理由践踏你的热血和好意，因为这世界就是这样。但是男子汉咬一下牙就过去了。然而在演讲的时候，即使你做到这种程度，听众也依旧还是有一万种理由、一千种方法不听。在这种时候，我其实一点儿也不生气。我只会觉得很愧疚，因为，很抱歉，我很努力了，但是我实在帮不上你们的忙呀！

我有个遗憾。2005年，我曾去建中（注：台北市立建国高级中学）演讲过一场。但一周之后我听说他们高一有位同学自杀了。但之前听过我演讲的是高二的同学。我有时总不禁会想，如果一周前听我演讲的是高一的同学，我会不会能够帮上他？或者至少让他笑一笑，哈哈，这个阿宅好白痴，也许他就不会做傻事了也说不定。但我永远也不会知道答案了。对我来说，完成这样的演讲是种梦想。

对于梦想这件事，我一直是这么认为的：一个软弱的人会觉得坐在家中，梦想就会自己来敲门；一个强悍的人会觉得为了达成梦想，应该要不择手段，即使牺牲他人也在所不惜；

但一个真正的男子汉为了达成梦想，他会舍身奋战，而且一切的牺牲都由他来承担。

但就算是一个钢铁般的男子汉，也会在几千人的面前，在连续好几天睡眠不足、四处赶场的状况下，还是会不禁产生怀疑——就算我做了这一场一千人的演讲，全台湾还有几十万的学生我接触不到，我没有机会遇上，我帮不了他们。就算我有再多的热情，校方不邀请，我也没办法硬是闯到对方的校园去演讲。

资源那么少，时间那么短，每一次的演讲都用掉了一部分我所剩不多的资源。我会怀疑，就算我舍身而战，这样真的值得吗？

在一次又一次跟各种各样的单位募款，却又一次又一次失败的时候，我忍不住要想，如果我在那些学生的眼中看到的希望的光芒是那么地炽烈，却没有任何单位愿意认同，却没有任何单位愿意赞助这样的演讲，那会不会只是我一相情愿的想象而已？

就算学生真的被鼓舞了、被激励了，两小时之后，他们又得要面对整个社会和整个教育体制，那时我就不在他们身边了，要怎么办？

但是，就算在最孤独、最绝望、最无奈的时候，总是会有一个声音回答我——哪怕是全世界都觉得这毫无意义，只要有我一个人觉得有意义，它就是有意义！

哪怕是全世界都放弃了，只要有我一个人不放弃，它就不会结束！

如果这是为了最早的那个承诺，那么男子汉就算拼了命也会继续努力维持这个承诺！

就算拼到最后一兵一卒，就算弹尽粮绝，自己觉得值得的事情还是应该要去做！

因为这样才叫做：男——子——汉！

男子汉不需要别人理解、支持和同情，只要觉得值得去做的事情就会去做！

过去七年，我至少做了超过十万人次的演讲。

而我今天终于提起笔来把这封信回了，是因为我终于找到了其中的一部分的答案。

这是我在2008年的最后一天收到的一封信。

十万人之中只要有这样一个人，就值得了。

朱学恒

（摘编自朱学恒的独立博客，王华图）

亲爱的Joki：

答应你的，要写这封信。

没错，要谈的正是：如果我们想要的生活和父母的期待有矛盾，怎么办？

你又因为志愿的事情和父亲吵架，你和你的父亲那么相像——倔犟、不退让。

"他要求我朴素，我高考完后打耳洞他很生气；我喜欢摄影，可他非要我学开车；我喜欢和别人用英文聊天，他却执意说我一无所获、无所事事，不如去报个英文补习班。"你抱怨说，"为什么他不能理解我呢？"

每个孩子都被父母指责过不懂事，那句"都是为了你好"听过千遍万遍，"知道知道我都知道"也答了千遍万遍。为什么这样的事情一直在发生？

Joki，你想自己作决定，想过自己的人生，但是在父母的框架里，你常常碰壁。他们希望你留在那个框架里面，因为他们怕你出去了会不安全。

当我们还是小孩子的时候，父母的框架都是保护性的，"不要和陌生人说话""饭前要洗

# 给最爱的他们安全感

◎ 沈奇岚

手""听老师的话"等等。那是他们的人生经验，他们用自己对世界的认识来为我们筑起保护墙。但是当他们习惯了这种保护你的方式，却还没有习惯你已经长大。你想要空间，不得不和这个框架发生冲突。没法责怪他们，他们的框架是出于爱。你在他们的框架之内，他们才觉得你是安全的，他们才有安全感。

Joki，很多年后，你会发现，父母对我们的人生的横加干涉，无非是怕我们作了糟糕的选择——他们心里没有安全感，对框架之外的世界没有信心。Joki，如果你希望父亲尊重你的选择，你必须要给他安全感——就是你能对你自己的选择负责的安全感。可以从小事做起，甚至从妥协的方案做起，比如用英文和人聊天，同时上个短期的补习班，一段时间后，和父亲交流一下经验心得，告诉他两者的利弊。你得向他证明你能理智地判断，你要证明你能为自己的选择负责，他自然会对你渐渐有了信心。独立从来不是别人给的，而是自己用脚踏实地的行为挣来的。

让父母有安全感有两条路。一种是最方便的"听话之路"，父母要求什么就做什么。这条路在你长大之后会越来越难走。你会分不清楚"他们要什么"和"你要什么"。一种就是有些难度的"独立之路"，你要比他们更强大，这句话的意思不是你要通过压倒他们来达到强大，而是：你要通过理解他们和保护他们变得更强大。强大到，他们能够意识到你能照顾好自己了，你甚至也能照顾他们了。不要等他们老了，你才觉得该照顾他们了。

说到这里，你会不会笑——给父母安全感？真的，试着从这个角度去理解你们的关系，你就会明白许多冲突并不是他们不尊重你，而是他们没有安全感。他们的横加干涉，可能是一种过度的担心，是一种婉转但是失败了的爱的表达。

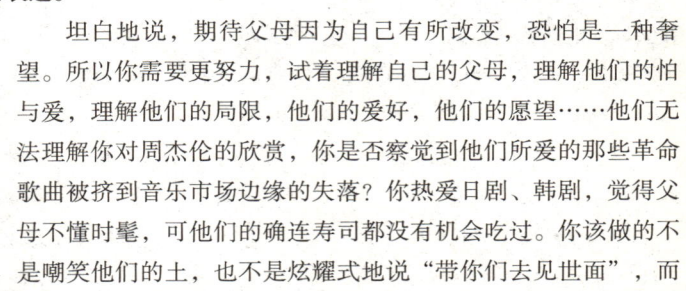

坦白地说，期待父母因为自己有所改变，恐怕是一种奢望。所以你需要更努力，试着理解自己的父母，理解他们的怕与爱，理解他们的局限，他们的爱好，他们的愿望……他们无法理解你对周杰伦的欣赏，你是否察觉到他们所爱的那些革命歌曲被挤到音乐市场边缘的失落？你热爱日剧、韩剧，觉得父母不懂时髦，可他们的确连寿司都没有机会吃过。你该做的不是嘲笑他们的土，也不是炫耀式地说"带你们去见世面"，而是在保护他们的安全和自尊心的同时，带他们去分享和体验你的世界——就像他们当初牵着你的手，带着你出去玩。

其实当父母是世间最辛苦的工作，为了保护孩子，哪怕自己摔得鼻青脸肿也要努力强大。他们为你提供了那么长久的爱和安全感，现在，Joki，轮到你了。长大吧！

奇岚

（摘自《女友·校园》2009年第12期，沈骋宇图）

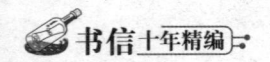

## 可以逆反，但要有理由

◎风月寄语

亲爱的女儿：

你最近总是提"逆反"这个词，昨天竟然问我，我像你这个年龄的时候是不是也逆反。当时我回答你说，那时没有逆反，广阔天地都归属于你，你逆反什么呢。你其实不是很懂"逆反"这个词，你也许还以为人人在这个年龄都要逆反，其实不是这样的。

何为逆反心理？它是指人们彼此之间为了维护自尊，而对对方的要求采取相反的态度和言行的一种心理状态。这个概念中有几个重要词语，"维护自尊""对方的要求""心理"。

每个人都有自尊，而你们这个年龄的孩子自尊心刚好觉醒，自己都小心翼翼地保护着，谁都不能碰一下。但你们还不懂，自尊的前提条件是必须尊重他人，与其小心翼翼地维护自尊，不如先去学会尊重他人。尊重他人的前提条件是理解他人，比如说老师、父母，你首先得承认他们是凡人，不是圣人，既如此，你就该允许他们有不完美的地方，甚至是你们认为的错误。理解老师和父母，他们管理你们的出发点是好的，没有一个不是为了你的生活前途更美好。你看了那么多的书，尊重与被尊重这个关系，也许你能懂。

"对方的要求"，这里没有说是合理还是不合理的要求，也就是说，如果是老师或者是父母让你们做的事，你们要是不分青红皂白，一概"逆反"，表现出"相反的态度和言行"，这种行为就是幼稚可笑的。"对方的要求"有合理的也有不合理的，我赞同你们对不合理的要求"逆反"，这能表现出你们的独立见解，也说明你们在思考问题；但对合理的要求也"逆反"，那就是一种盲目，一种无知，最终的结果就是害了自己。就如你们现在，三十多度的高温，你们非要穿长袖校服，就是觉得短袖校服不好看，那天天出汗的是你们自己，我们却显然很凉爽。小中见大，逆反的终极就是自食其果。那天我对你说过，你可以逆反，但你要有理由。别小看"心理"这个词，这个词告诉我们，"逆反"中的是非往往不是客观的，而是主观的，对方要求的合理与不合理，你们都是凭自己的好恶而定的。可你们的学识和阅历都不足以断定对方要求是否合理。如果不经思考，就贸然断定只要是自己喜欢的人，那他说的就都是对的，说什么自己做什么；如果是自己厌恶的人，那他说的就都是错的，说什么自己都不去做。如果这样，那深渊就是自己挖的。我知道，你不是个逆反心很强的孩子，但也不能说没有。就我们家庭而言，虽然对你的教育很严格，但我自认为民主的氛围还是很浓的。你的日记就摆在桌子上，爸妈都尊重你，不去看，免得你说我们侵犯你的隐私权。但希望你能正确处理好和个别老师的关系，别激进。

另外，我不希望你受媒体的影响。现在有些媒体上有些所谓的专家，不负责任地坐在安有空调的宽敞的洁净的演播室里哇啦哇啦地发着议论，让老师和家长充分地尊重你们。充分尊重不是错的，但你们听了，就成了绝对尊重了。他们的理论是不错的，但脱离实际是错误的。我就对我的学生说，别听他们的高谈阔论，他们的孩子早就到国外接受教育了，他们的孩子已经有最好的工作了，可你们呢？你们还在最贫困的地区，父母在日出而作、日落而息，你们要完全凭借自己的实力才能闯出一片天地。也许我的话片面了，但这是事实。

女儿，我说了这么多，不是希望你做个听话的小绵羊，而是希望你能用自己的头脑、自己的知识、自己的智慧去慢慢地学着分析问题解决问题，不要以为这个年龄的人都要逆反。

还是那句话：你可以逆反，但要有理由！

（摘自《时代青年·哲思》2008年第6期）

# 大学是你人生最重要的时光

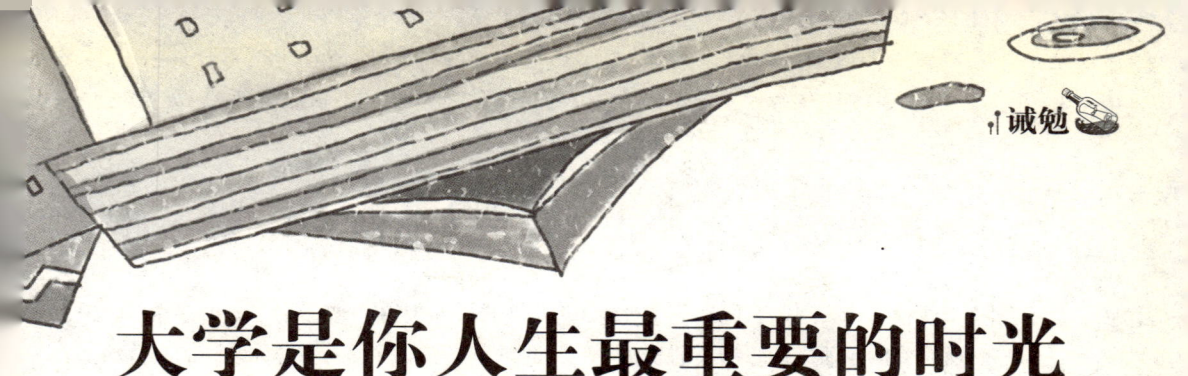

◎ 李开复

亲爱的女儿：

当我们开车驶出哥伦比亚大学的时候，我想写一封信给你，告诉你盘旋在我脑中的想法。

首先，我想告诉你我们为你感到特别骄傲。

进入哥伦比亚大学证明了你是一个全面发展的优秀学生，你的学业、艺术和社交技能最近都有卓越的表现，无论是你高中微积分成绩第一名，时尚的设计，绘制的球鞋，还是在"模拟联合国"的演说，你毫无疑问已经是一个多才多艺的女孩。作为你的父母，我们为你感到骄傲，你也应该像我们一样也为自己感到自豪。

我会永远记得第一次将你抱在臂弯的那一刻，一种新鲜激动的感觉瞬间触动了我的心，那是一种永远让我陶醉的感觉，就是那种将我们的一生都联结在一起的"父女情结"。我也常常想起我唱着催眠曲轻摇你入睡，当我把你放下的时候，常常觉得既解脱又惋惜，一方面我想，她终于睡着了！另一方面，我又多么希望自己可以多抱你一会儿。我还记得带你到运动场，看着你玩得那么开心，你是那样可爱，所有人都非常爱你。

你不但长得可爱，而且是个特别乖巧的孩子。你从不吵闹、懂得为人着想，既听话又有礼貌。当你三岁我们建房子的时候，每个周末十多个小时你都静静地跟着我们去运建筑材料，三餐在车上吃着汉堡，唱着儿歌，唱累了就乖乖地睡觉，从不吵闹，一点儿都不娇气不抱怨。你去上周日的中文学习班时，尽管一点儿也不觉得有趣，却依然很努力。我们做父母的能有像你这样的女儿真的感到非常幸运。

你也是个很好的姐姐。虽然你们姐妹以前也会打架，但是长大后，你们真的成为了好朋友。妹妹很爱你，很喜欢逗你笑，她把你当成她的榜样看待。我们开车离开哥大后，她非常想你，我知道你也很想她。世界上最宝贵的就是家人，和父母一样，妹妹就是你最可以信任的人。随着年龄的增长，你们姐妹之间的情谊不变，你们互相照应，彼此关心，这就是我最希望见到的事情了。在你的大学四年，有空时你一定要常常跟妹妹视频聊聊天，写写电子邮件，你们可以谈谈学习、理想和人生，当然，也可以只是互相讲讲各自身边发生的有趣的事。

大学将是你人生最重要的时光，在大学里你会发现学习的真谛。你以前经常会问到

95

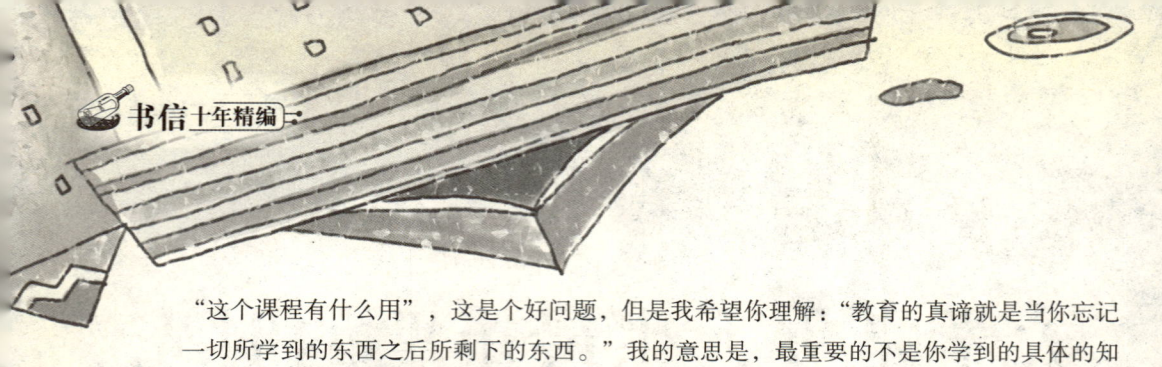

"这个课程有什么用"，这是个好问题，但是我希望你理解："教育的真谛就是当你忘记一切所学到的东西之后所剩下的东西。"我的意思是，最重要的不是你学到的具体的知识，而是你学习新事物和解决新问题的能力。这才是大学学习的真正意义——这将是你从被动学习转向自主学习的阶段，之后你会变成一个很好的自学者。所以，即便你所学的不是生活里所急需的，但也要认真看待大学里的每一门功课，就算学习的技能你会忘记，学习的能力将是你受用终身的。

不要被教条所束缚，任何问题都没有一个唯一的简单的答案。还记得当我辅导你高中的辩论课程时，我总是让你站在你不认可的那一方来辩论吗？我这么做的理由就是希望你能够理解：看待一个问题不应该非黑即白，而是有很多方法和角度。当你意识到这一点的时候，你就会成为一个很好的解决问题者。这就是"批判式思维"——你的一生都会需要的最重要的思考方式，这也意味着你还需要包容和支持不同于你的其他观点。我永远记得我去找我的博士生导师提出了一个新论题，他告诉我："我不同意你，但我支持你。"多年后，我认识到这不仅仅是包容，而是一种批判式思考，更是令人折服的领导风格，现在这也变成了我的一部分。我希望这也能成为你的一部分。

在功课上要尽力，但不要给自己太多压力。你妈妈和我在成绩上对你没什么要求，只要你能顺利毕业并在这四年里学到了些东西，我们就会很高兴了，即便你毕业时没有获得优异的成绩，你的哥伦比亚学位也将带你走得很远，所以别给自己压力。在你高中生活的最后几个月，因为压力比较小，大学申请也结束了，你过得很开心，但是在最近的几个星期，你好像开始紧张起来。（你注意到你紧张时会咬指甲吗？）千万别担心，最重要的是你在学习，你唯一需要衡量的是你的努力程度。成绩只不过是虚荣的人用以吹嘘和慵懒的人所恐惧的无聊数字而已，而你既不虚荣也不慵懒。

最重要的是在大学里你要交一些朋友，快乐地生活。大学的朋友往往是生命中最好的朋友，因为在大学里你和朋友能够近距离交往。另外，在一块儿成长，一起独立，很自然地你们就会紧紧地系在一起，成为密友。你应该挑选一些真诚的朋友，跟他们亲近，别在乎他们的爱好、成绩、外表甚至性格。你在高中的最后两年已经交到了一些真正的朋友，所以尽可以相信自己的直觉，再交一些新朋友吧。你是一个真诚的人，任何人都会喜欢跟你做朋友的，所以要自信、外向、主动一点儿，如果你喜欢某人，就告诉她，就算她拒绝了，你也没有损失什么。以最大的善意去对人，不要有成见，要宽容。人无完人，只要他们很真诚，就信任他们，对他们友善。他们将

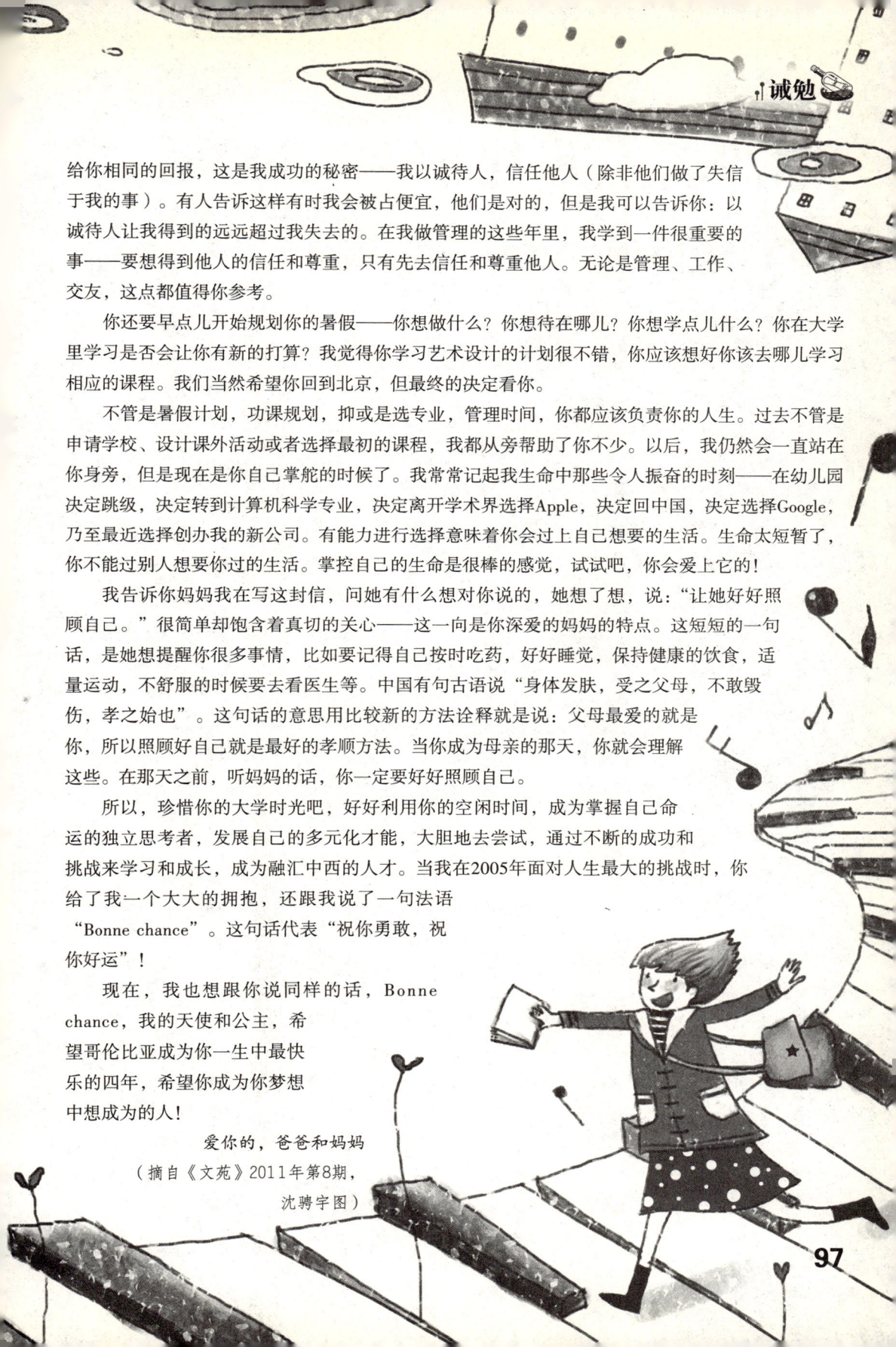

给你相同的回报,这是我成功的秘密——我以诚待人,信任他人(除非他们做了失信于我的事)。有人告诉这样有时我会被占便宜,他们是对的,但是我可以告诉你:以诚待人让我得到的远远超过我失去的。在我做管理的这些年里,我学到一件很重要的事——要想得到他人的信任和尊重,只有先去信任和尊重他人。无论是管理、工作、交友,这点都值得你参考。

你还要早点儿开始规划你的暑假——你想做什么?你想待在哪儿?你想学点儿什么?你在大学里学习是否会让你有新的打算?我觉得你学习艺术设计的计划很不错,你应该想好你该去哪儿学习相应的课程。我们当然希望你回到北京,但最终的决定看你。

不管是暑假计划、功课规划,抑或是选专业、管理时间,你都应该负责你的人生。过去不管是申请学校、设计课外活动或者选择最初的课程,我都从旁帮助了你不少。以后,我仍然会一直站在你身旁,但是现在是你自己掌舵的时候了。我常常记起我生命中那些令人振奋的时刻——在幼儿园决定跳级,决定转到计算机科学专业,决定离开学术界选择Apple,决定回中国,决定选择Google,乃至最近选择创办我的新公司。有能力进行选择意味着你会过上自己想要的生活。生命太短暂了,你不能让别人想要你过的生活。掌控自己的生命是很棒的感觉,试试吧,你会爱上它的!

我告诉你妈妈我在写这封信,问她有什么想对你说的,她想了想,说:"让她好好照顾自己。"很简单却饱含着真切的关心——这一向是你深爱的妈妈的特点。这短短的一句话,是她想提醒你很多事情,比如要记得自己按时吃药,好好睡觉,保持健康的饮食,适量运动,不舒服的时候要去看医生等。中国有句古语说"身体发肤,受之父母,不敢毁伤,孝之始也"。这句话的意思用比较新的方法诠释就是说:父母最爱的就是你,所以照顾好自己就是最好的孝顺方法。当你成为母亲的那天,你就会理解这些。在那天之前,听妈妈的话,你一定要好好照顾自己。

所以,珍惜你的大学时光吧,好好利用你的空闲时间,成为掌握自己命运的独立思考者,发展自己的多元化才能,大胆地去尝试,通过不断的成功和挑战来学习和成长,成为融汇中西的人才。当我在2005年面对人生最大的挑战时,你给了我一个大大的拥抱,还跟我说了一句法语"Bonne chance"。这句话代表"祝你勇敢,祝你好运"!

现在,我也想跟你说同样的话,Bonne chance,我的天使和公主,希望哥伦比亚成为你一生中最快乐的四年,希望你成为你梦想中想成为的人!

爱你的,爸爸和妈妈

(摘自《文苑》2011年第8期,沈骋宇图)

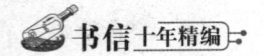

# 你的弱点我知道

◎许 锋

年轻人——请允许我这样说，因为我比你大。中国人最讲资历，年龄无疑是最有说服力的资历。你的优点是年轻，你的弱点我知道。

你爱撒谎。你有事可以请假，有病就去治病。但在学生时代，最好不要撒谎。善意的谎言是美丽的，但善意的谎言太多太滥就适得其反了。而且，你的谎言，有时并不善，随口就来，若无其事。在这个时代，验证你是否撒谎比吹个口哨都容易。我不揭穿你，是维护你的自尊，但你在我心目中的印象就大打折扣了——尽管，我决定不了你的前途，我也相信，世界上没有任何一个人能决定别人的前途，但，若干次的"折扣"累积在一起，一定会让你想完美的人生频现破绽。

你爱耍滑。比如在一个组织当中，每个人都有分工，但工作不是一块豆腐，不能像切豆腐似的把工作分得那么清楚。否则，那就不是一个组织，而是自动化流水线。你的角色可能是演员，但当你不演戏时，你有两种选择，一是看着旁人忙忙碌碌，而你袖手旁观，无所事事；二是尽力帮助别人做点儿事，与大家融为一体，帮忙不添乱，你换取的可能是一个笑脸，也可能是一句谢谢，也许，还有可能是身体的疲惫，但却是无处可买的快乐。而你，不爱动手，动了也"轻描淡写"。其实，大厅之中，我一眼扫去就能从每个人的动作、神态中，清晰地看到谁在认真工作，谁在敷衍——一个学生组织中的所谓工作，其实准确地说不是工作，是在演练。你是在为你自己积攒经验。换而言之，我喜欢踏踏实实工作的年轻人。你未来的老板，也一定喜欢踏踏实实工作的年轻人。

你爱说。我知道你的口才很好。口才也是才，相比笨嘴拙舌的孩子，能说是你的优点。但不能只会说，还要会做。头头是道地说完一个策划，你还得认认真真地把它写出来。如果你不会写，可以练。如果你不想写，那就错了。未来的老板，没有时间听你滔滔不绝的演说。你最有可能遇到的情况是，刚说出一个想法，老板就打断你的话，让你拿出一个方案来。说一千道一万，真要让老板重视，你还得把文案整齐地摆在他的案头。

你爱变。见异思迁是年轻人普遍的特点，年轻人普遍眼高手低。但任何工作都要一步步来，齐头并进不是不可以，但你得确信有这个能耐。

在此之前，一环一环地把工作干好。有些工作，不同的人干，有不同的结果。比如两个碟子，看起来都很干净，但由于清洗的流程不同，干净的程度甚至有天壤之别。工作的效果没有最好，只有更好。你一门心思去做一项工作，直至达到你眼中的完美，这才是第一个层次。但你看起来并不在乎，总是毛毛糙糙地交差。殊不知，放弃对工作精益求精的追求，你做得再多，也不过是凑数罢了。

你不够勤奋。勤能补拙，即便你足够聪明，但若能再加上勤奋的品质，你一定会出类拔萃。可惜，你总能找到不勤奋的借口。借口就是灰，有多少灰就有多少借口。面对你的借口，我只有笑笑，点头。你不是幼儿，不需我哄；你不是我的孩子，如果我晓之以理动之以情，你极有可能厌烦。但如果你今天不勤奋地学习，明天就一定要勤奋地找工作。你是一名学生记者，你热爱记者的工作，毕业后想当记者，但是当天的新闻你都要拖到第二天才交稿，在我督促之后，你仍然决定第二天再交稿——哪个新闻单位会要这样的人当记者？

你的弱点我知道。我不是你的老板，所以你不必担忧。我是你的老师，老师与学生之间，最宝贵的是单纯，金钱与诱惑和我们无关。因此，你听到的都是真话，但你未必当回事。只是，等到老板对你说这番话时，你想一想，就知道结局。

（摘自2010年10月12日《联谊报》，恒兰图）

# 世界是一棵倒长的树

◎ 冯唐

我唯一的外甥：

你妈是我唯一的姐姐，你是你妈唯一的儿子，所以你是我唯一的外甥。

上次和你妈通电话，她说你改变巨大。尽管你还是长时间一个人关起门待在自己的房间里，但是你现在不只是打网络游戏了，你还开始给你认识的小姑娘打电话了。

我记得你打网络游戏时的狂热。从六岁起，平常上学的时候，你妈不叫你三次，不拎着菜刀进你房间，你不会起床。但是周六和周日，5点多钟，鸡还没叫你就起床了。你用被子遮住门，这样灯光就漏不出来，你妈就不会发现你在打网络游戏。但是我知道。我去美国看你妈，通常都睡你旁边的房间。你打游戏的时候喝水，实在憋不住了，就跑步上厕所。你跑去，你跑回，速度可真快啊。你打游戏的时候吃饭，最喜欢的是比萨饼，你跑来，你跑回，嘴里叼一块，手里抓一块。上次你和你妈一起去机场接我，你见面竟然连续和我说了三句中文："小舅你好。明天我生日。你给我买一个Wii（一种家用游戏主机，其设计很独特）吧。"

你妈说你或许是被埋没的电子游戏天才，我说或许只是痴迷。你妈问我，你将来靠电子游戏能养活自己吗？我说，难。做游戏运营商，太损阴德；做游戏开发，需要数学天才。你20道算术题错了八道，你妈说你不上进，你说，做人不能太贪婪。

这次你妈说你开始放下游戏，开始给姑娘打电话了。这证明了你不是游戏天才，天才不会放下。我知道，这时候，围绕着小姑娘，你有十万个为什么。姑娘为什么笑起来比阳光还灿烂？头发洗顺了为什么比兰花还好看？有些姑娘在千百人里为什么你一眼就能看到？为什么看到之后想再看一眼？为什么看不到的时候会时时想起？为什么她出现的时候你会提高说话的声音？为什么你从来不打篮球，她去了你就跟着去了？等等等等。

我只帮你解说（不是解答）一个问题：姑娘是用来做什么的？

简单地说，姑娘是个入口。世界是一棵倒长的树，下面是多个分岔的入口，上面是同一的根。姑娘和溪水声、月光、毒品、厕所气味等一样，都是一个入口。进去，都有走到根部的可能。

姑娘可以做朋友。你或许慢慢会发现，有的姑娘比男孩儿更会倾听，更会扯脱你脑子里拧巴的东西。在上古时期（夏商之前），没台历，没时钟，没计算机，没战略管理，部族里就找一个十三不靠、眼神忧郁的文艺女青年，不种玉米了，不缝兽皮了，专门宅着，饮酒。她说，打。部族的男人就冲出去厮杀。

姑娘可以做老师。你或许慢慢会发现，年纪和你相仿的女生比你懂得多，特别是和世俗相关的，年纪比你大的女生就更是如此。找个姑娘当老师，你学习得很自然。年少时被逼学习，往往效果很差。我爸，也就是你姥爷，逼我跟着一个叫 *Follow Me* 的英文教程学英语。在之后的两年里，我听见英文就想骂。

姑娘可以做家人。通常情况下，你妈和你爸会死在你前面，你姥姥和你姥爷会死在你妈和你爸前面。如果你找个比你小些的姑娘，和她一起衰老，她有可能死在你后面。你不要以为这个容易。一男一女，两个正常人，能心平气和地长久相守，是人世间最大的奇迹。有时候你会很奇怪，为什么因为一件屁大的事儿，你姥姥想剁死你姥爷？那是因为那件小事儿，激发了你姥姥在和你姥爷长久相守中积累的千年仇怨。

至于《十万个为什么》中其他的问题，你自己看书找解说吧。记得多练习中文。中文是世界上最美的语言，是人类创造的最美丽的事物之一。这些，以后我再慢慢告诉你。上次在电话里，你妈说你把外甥写成了"处甥"，你说你是我唯一的"处甥"，所以你妈很不高兴。

别的不说了。

冯唐

（摘编自《智族GQ》2010年第3期，暖色底片图）

# 有一种智慧让你活得更好

◎ [西班牙] 费尔南多·萨瓦特尔  于施洋 译

阿玛多尔，我常常有好多话想说给你听，但我始终都是一忍再忍，告诉自己要保持冷静，因为我明白，孩子们的耐心是有限度的，而且我也不想再遇到我的一个加利西亚朋友这样的经历。

有一天，他跟他五岁的小儿子，安静地坐在岸边看海。突然，小鼻涕孩儿满怀梦想地说："爸爸，我想跟你和妈妈一起出海，开条小船在水上散步。"我这位多愁善感的朋友心里一动，哽咽道："没问题，儿子，你想去我们就去！""到了深海，"可爱的小家伙儿望着远处的大海，继续他的幻想，"我就把你们两个扔进水里淹死。"刚才还被感动得险些"稀里哗啦"的父亲，心里一阵剧痛："哎，儿子，你怎么会这么想？""当然啦，爸爸，你不觉得你跟妈妈给我喂了太多'罐头'吗？"这是我的第一个教训。

如果一个五岁的小孩子都能想到这一点，我猜，像你这样一个15岁的小伙子，在这方面的体会就更加深刻了，所以我可不想干什么傻事，逼着你去弑父，就像有些在外人眼里看上去显得异常和谐的家庭里发生的那样。另一方面，我从来都很讨厌父母们试图"做儿女们最好的朋友"，孩子与他同龄的伙伴交朋友，是天经地义的事，跟父母、老师和别的成年人在一起，顶多也就是相处愉快，其实能做到这一点已经很不错了。

所以，我只好把时常想到的、但又不知如何说或是不敢跟你说的事情写下来。如果儿子满心欢喜地冲到电视机前，去享受属于他的"自由时间"，想在这个时候给他制造哲学麻烦的爸爸，就理应看到一张拉长的脸。但一本书就不同了，不仅可以想看就看，而且拿起放下也不用有任何尊敬的表示：你可以打着呵欠哗啦哗啦一页页地翻过，可以喜笑颜开，可以痛苦不堪，还可以面无表情……一句话，你可以一切自由。由于我要跟你说的东西，正好大部分都有关自由，所以比起说教，阅读也要来得更为合适。不过，你至少还是应给我点儿面子，拿出一点点注意力和一些耐心，尤其在读前几章的时候。我明白，这些东西对你来说确实难了点儿，但我不想让你省下一步一步努力思考的过程，也不想当你是个小笨蛋——我从来都认为：如果把对方当成笨蛋来对待的话，即使他本来不是，很快也会是了。不知道你同不同意？

几年前，你给我讲了一个你做过的梦。在一片漆黑的原野，好像是深夜，天空中刮着可怕的大风。你紧紧抓住树和石头，但飓风还是把你卷走了，就像对待《绿野仙踪》里的那个小女孩一样。当你在风里瑟瑟发抖、即将被吹到陌生的地方时，突然听见我的声音在你头顶反复回荡："要有信心！要有信心！"你想象不出你所做的这个奇怪的噩梦，对我来说是一个多么珍贵的礼物——那个下午，当你说我的声音给你鼓励的时候，哪怕可以活上一千年，也无法偿付我心中的那份自豪感。

好了，我在接下来的书页中告诉你的一切，都将不过是这句忠告一遍遍的再重复：要有信心。当然不是对我，也不是对任何圣人；不是对市长、警察，也不是对上帝或魔鬼；不是对机器，也不是对旗帜——要相信有一种智慧能使你比现在活得更好，相信有一种本能能使你赢得爱的幸福陪伴。

(摘自《伦理学的邀请——做个好人》，北京大学出版社)

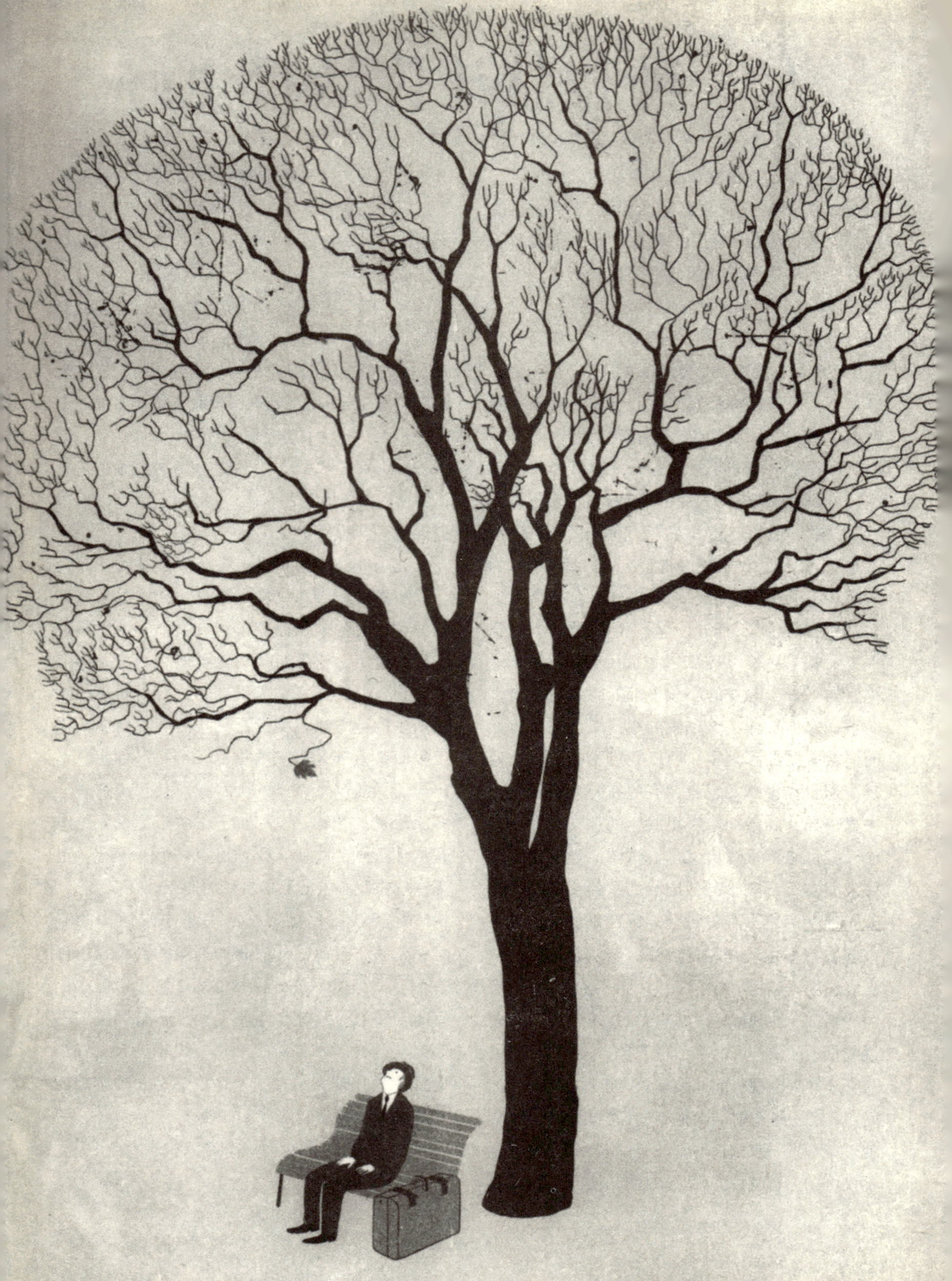

# 思絮

　　哲人说，未经省察的人生不值得一过。在寂寞的时光里，思索完一筐的难题，终于和生活握手言和，我们嘴角含笑，远离孤独、迷茫和多愁善感。岁月悠悠，每一个不曾思考的日子，都是对生命的辜负。

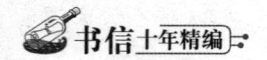

# 人生值得活

◎ 蔡康永

亲爱的宝宝：

我所在的这个使用中文的地方，俯拾皆是老气的人生态度。我小时候手边堆放着的那些厚厚的书，印满了千百年前的人得到的人生结论，四个字的、五个字的、七个字的，都有。

我随手翻开一页，就会诧异一次。我拿起另一本厚书，随手翻开一页，里面的句子都押韵，念起来很好听，但感情都很特别。我看着这些奇妙的文字，诧异着大人有这么多各自找到的、活下去的方法，这么郑重地想告诉别人，告诉连他们自己也不能想象的、千百年之后的人。

小时候的我，并没有因此觉得接下去的人生好像会很复杂，反而兴味盎然地翻着这些人认真写下来的话，想象着各式各样的人生。有些小时候读到的故事也很奇怪。故事可能两句话就讲完了，却让我很久很久地发愣。我一定从那时起暗暗地对人生建立起了一点点戒备。

长大以后，我喜欢很多幼稚肤浅的东西。我去美国那个充满阳光和微笑的加州，去学拍电影。我喜欢我的同学们理直气壮地把电影当成是能赚大钱、能逗人大哭大笑、能给人力量，也能让人逃避的娱乐产品。我也喜欢那个年轻国家里一些孩子气的事：没事就拥抱、同不同意当面说开、随口开玩笑，以及很认真地相信"诚实、正义"这些简单明了的原则。事情正如一位和我同住一屋的作家所提示的：我的灵魂有点儿太老了，我太早就闻够了衰老的气息，我只好倒过来活。

宝宝，你所出生的这个家庭，会给你很多东西，有些你会理所当然地收下，比方说名字，比方说他们在这世上存在的方式、他们交往的人、他们的爱或不爱。

太阳每天都升起一次、降下一次，但只要我从对的地方望过去，日出和日落都还是让人目眩神驰。每一场雨都还是能让人狼狈或感伤，每一道闪电还是有魄力，每一道海浪、每一阵微风……全都是反反复复，来了又去、去了又来的。宝宝，我对这些从来没有觉得无聊过。

我的工作，做电视节目，倒是常令我感到无聊的。原因很简单：我知道自己在递送远超过人生所需要的故事，不管是骇人的、感人的、好笑的，还是悲伤的故事。一个像样的人生，哪里会需要知道这么多故事，会需要看这么多长得这么好看的人？这摆明了是一件非常勉强的事，参与其制造过程的我，本来就应该感到一点儿起码的不安。

其他的工作，帮人减肥的、设计电脑程式的、挖钻石的、收税的、卖房子的、造汽车的，在做着各式各样工作的人，也都应该感觉到这份起码的不安。如果我们所做的是在勉强彼此的人生，这种勉强造成的不安的确会干扰我，但还不足以掩盖那些根本的喜悦和悲伤。

我一旦经历了那些最根本的喜悦和悲伤，我就肯定相信：人生是值得活的。那些零碎的不安，没什么杀伤力。

纵然我是一个这么爱怀疑的人，我也愿意把这怀疑当成是人生值得活的重要原因之一。

当然也会有人觉得人生是不值得活的。也会有人觉得想法是不值得这样花时间写下来的。他们有他们面对人生的方法，跟我不一样，这本来就是一个冰与火都存在的世界。

宝宝啊，我很是好奇，你的人生会走向哪里？我甚至还在好奇，我的人生会走向哪里？

但愿当你也感受到这份好奇的时候，会欣然同意这好奇是乐趣，而不是负担。

然后有一天啊，宝宝，你也会微笑着点点头说："是啊，人生是值得活的。"

（摘自《有一天啊，宝宝》，当代世界出版社）

# 我要每个孩子都有和你们一样的机会
## ——奥巴马给女儿的信

◎ [美] 奥巴马

亲爱的玛莉亚和莎夏：

我知道这两年你们俩随我一路竞选都有过不少乐子：野餐、游行、逛州博览会，吃了各种或许我和你妈不该让你们吃的垃圾食物。然而我也知道，你们俩和你妈的日子，有时候并不惬意——新来的小狗虽然令你们兴奋，却无法弥补我们不在一起的所有时光。我明白这两年我错过的太多了，今天我要再向你们说说为何我决定带领我们一家走上这趟旅程。

当我还年轻的时候，我认为生活就该绕着我转：我如何在这世上得心应手，成功立业，得到我想要的。后来，你们俩进入了我的世界，带来种种好奇、淘气和微笑，总能填满我的心，照亮我的日子。突然之间，我为自己谱写的伟大计划显得不再那么重要了。我很快便发现，我在你们生命中看到的快乐，就是我自己生命中最大的快乐。而我也同时体认到，如果我不能确保你们此生能够拥有追求幸福和自我实现的一切机会，我自己的生命也没多大价值。总而言之，我的女儿，这就是我竞选总统的原因：我要让你们俩和这个国家的每一个孩子，都能拥有我要给你们的东西。

我要让所有儿童都在能够发掘他们潜能的学校就读，这些学校要能挑战他们，激励他们，并灌输他们对身处的这个世界的好奇心。我要他们有机会上大学，哪怕他们的父母并不富有。而且，我要他们能找到好的工作：薪酬高还附带健康保险的工作，让他们有时间陪孩子并且能带着尊严退休的工作。

我要大家向发现的极限挑战，让大家在有生之年能够看见改善我们生活、使这个行星更干净、安全的新科技和发明。我也要大家向自己的人际界限挑战，跨越使我们看不到对方长处的种族、地域、性别和宗教樊篱。

有时候为了保护我们的国家，我们不得不把青年男女派到战场或其他危险的地方去，然而当我们这么做的时候，我要确保师出有名，我们尽了全力以和平方式化解与他

人的争执，也想尽了一切办法保障男女官兵的安全。我要每个孩子都明白，这些勇敢的美国人在战场上捍卫的福祉是无法平白得到的：在享有作为这个国家公民的伟大特权之际，重责大任也随之而来。

这正是我在你们这个年纪时，外婆想要教我的功课。她把《独立宣言》开头几行念给我听，告诉我有一些男女为了争取平等挺身而出，游行抗议，因为他们认为两个世纪前白纸黑字写下来的这些句子，不应只是空话。她让我了解到，美国之所以伟大，不是因为它完美，而是因为我们可以不断让它变得更好，而让它更好的未竟工作，就落在我们每个人的身上。这是我们交给孩子们的责任，每过一代，美国就更接近我们的理想。

我希望你们俩都愿接下这个工作，看到不对的事要想办法改正，努力帮助别人获得你们有过的机会。这并非只因国家给了我们一家这么多，你们也当有所回馈，而是因为，唯有在把你的马车套在更大的东西上时，你才会明白自己真正的潜能有多大。

这些是我想要让你们得到的东西：在一个梦想不受限制、无事不能成就的世界中长大，长成具有慈悲心，坚持理想，能帮忙打造这样一个世界的女性。我要每个孩子都有和你们一样的机会，去学习、梦想、成长、发展。这就是我带领我们一家展开这趟大冒险的原因。

我深以你们为荣，你们永远不会明白我有多爱你们，在我们准备一同在白宫开始新生活之际，我没有一天不为你们的忍耐、沉稳、明理和幽默而心存感激。

爱你们的老爹
2009年1月16日
（摘自中国评论新闻网）

---

亲爱的○：

这一夜风大，躲在温泉小镇的旅馆里读昆德拉：他看见一位六十来岁的老太太学游泳，她按照游泳教练的口令，靠在泳池边做深呼吸，在水中发出的声音，活像一部老式蒸汽机车。游泳课完了，她走了几步，回头向教练微笑，然后做了一个手势。这微笑、这手势，优雅而充满魅力，昆德拉说，那是20岁的女孩才有的。这女子叫艾蕾丝，○，这时便忘了你多少岁，只想起你，你也是艾蕾丝。

那是一个淹没在已然衰老的身躯里的、依然很有魅力的手势和微笑，在那一刻，她忘记了自己的年纪……昆德拉于是想：我们身上有一部分东西始终生活在时间之外，也许我们只有在某些特定时刻——大部分是没有年龄的时刻——才会意识到自己的年龄。其时，昆德拉脑子里突然冒出"艾蕾丝"这个名字。艾蕾丝是一个永远陌生的女子。

亲爱的○，此所以保守主义者埃德蒙·伯克说："历史原来就是愚智结合的后果。"他这一番言说常被史家和诗人引用："政治上的豁达大度、大同主义，很少不是最真诚的智慧，一个伟大的帝国和执政者的愚骏，常常都是不幸地连结在一起……"○，艾蕾丝就是愚与智、美与衰的混合体。

亲爱的○，此所以威尔·杜兰在《历史的教训》中说："无论付出多大的代价，也要阻止广岛的悲剧在另一个地方发生——我们可能接触到其他星球上有野心的族类，然后发生星际大战……那时，也只有那时，我们这个地球上的人才可以团结一

# 宇宙是一个监狱，但是个模范监狱

◎叶 辉

致。"〇，此所以有《星球大战》童话版，有《龙珠》，有死而复生的超级战士，有天地为之变色的超级战士之决斗……

〇，你有一天也会像艾藜丝那样忘记年龄。要是用历史的观点看世界的变迁，大概就不大会感受到当中的悲伤和哀痛。〇，这时我想给艾藜丝读一首诗：

没有你的日子，我是一物体

总是一如前世，没法子戒烟

今生没法子，戒掉对你的思念

……

〇，夜深了，我们只有六小时的时差。

〇，你就是艾藜丝，她在童年时问父亲："你相信上帝吗？"父亲答说："我相信造物主的电子计算器。"答得很趣怪。什么是造物主的电子计算器？一个人怎么可能跟一部计算器相爱！

艾藜丝于是想：上帝在创造了世界以后，便把它留给了被他遗弃的人，任由他们处置……

〇，这时风冷，我想给你读一首诗：

再记不起你的样子了，我是无邪沉睡一水熊

虽生若死，虽死犹生，我思念故我多么爱自己

我思念故我是，永远的尼古丁

我思念故我复活，我思念故我是

天地一物体，宇宙一水熊……

艾藜丝像所有的人一样，有她的童年，有她的盛年，然后，有她衰老的时刻——摆脱造物主的电子计算器的总程序，也不是不可能的。〇，有时也得像学游泳的老太太那样，忘了自己的年纪，活在时间之外，这样开始也这样结束，才有所谓"不朽"。

〇，你是永远的艾藜丝，她总是深信今日的处境将成为明日历史的佐证，然后让愤怒、失望、伤痛……都渐渐平静下来。〇，那平静或者就像闻一多无意间写下的这样的诗行："宇宙是一个监狱，但是个模范监狱。"我这时是囚禁在宇宙里的水熊，只要革新，不要惩旧。

（摘自2009年11月6日《文汇报》，王华图）

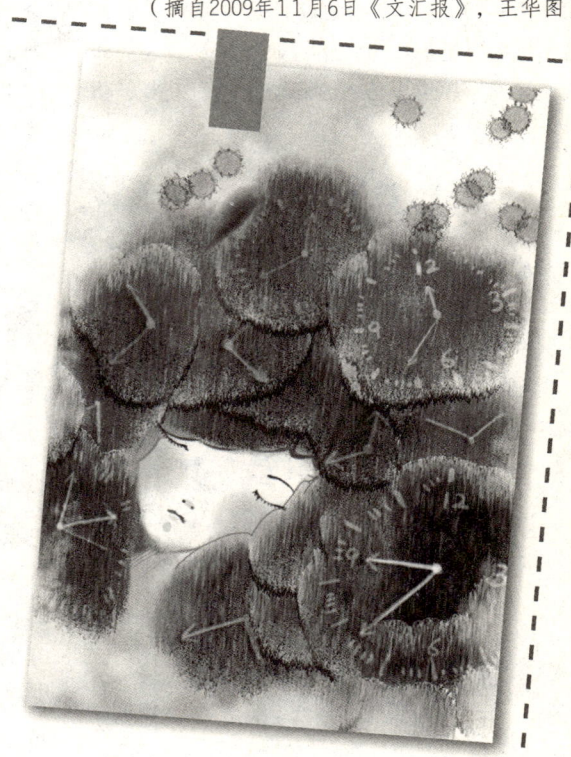

# 生活就像一场马拉松
## ——给北大附中高一（3）班的信 ◎史铁生

我只上到初中二年级，便因历史原因即告失学，故一直对"高中"二字心存仰慕（更别说大学了）。今得各位夸奖，心中不免沾沾。人都是爱听好话的，虽非罪过，但确是人性之一大弊端，所幸私下常存警惕。

我有个小外甥，也上高一，我送他四个字：诚实，善思。依我的经验，无论古今、未来，无论做什么工作，这都是最要紧的品质。学历高低，智商优劣，未必是最重要的，我一向以为对情商的培养才是教育的根本。所谓"知己知彼，百战不殆"，"知彼"多属智商，比如分析力、想象力、记忆力，以及审时度势的能力；"知己"则指情商，是说要有了解自己、把握自己的能力。情智兼优自然最好，却偏偏智商一项由不得人，那就在情商上多下功夫吧。一个人如何才能有所成就呢？一要知道自己想干什么，二要知道自己能干什么，三还要知道自己必须得干什么。

听说某些人考大学，一味投奔那些高分录取的专业，生怕糟蹋了分，结果倒忘了自己喜欢什么和自己的才能在哪儿。如此盲从，我担心他一辈子都是人云亦云，即便虚名屡屡，也难真有作为。

什么是"必须得干"的事呢？比如说你得吃饭吧？得活命吧？凭什么你总能干着自己喜欢的事，却让别人管你的饭？换句话：凭什么他人俗俗，你独雅雅？二十几岁时我明白了这个理儿，就到街道工厂去干活了，先谋一碗饭吧，把自己从负数捞回到零，然后再看看能否"得寸进尺"。炸酱面有了，再干些什么呢？我想起上学时作文一向还好，兼有坷坷坎坎的二十几年给我的感受，便走上了写作这条路。幸好是走下来了，其实走不下来也是很可能的。不过我想，只要能够诚实地审视自己（知己），冷静地分析客观（知彼），谁都会找到一条恰当的路走。

任何生活都有深意，唯思考可使之显现。生活，若仅仅是经历，便似一次性消费，唯能够不断地向它要求意义，生活才会漫展得深远、辽阔。所谓胸襟宽广、思想敏锐，并不取决于生活的样式，而是与你看它的角度与深度相关。最深远辽阔的地方在哪儿？在心里——你心里最为深隐的疑难，和你对它最为诚实的察看。（顺便说一句：诚实，并不是说你就不能有隐私、有秘密，而是说你不要对自己有丝毫隐瞒。有些事说出来不好意思，你也可以不说，但你不可以不想，不能一闭眼就算它没了。）比如作文写得好不好，并不在于你怎样活过，而在于你怎样想过，或想没想过。有同学问我是怎么写《我与地坛》的？我的经验是：到那儿去待一阵子不行，待一辈子也未必就行，而是要想、要问。提出问题比解答问题更要艰难。超棒之人，多有一脑袋或一辈子的疑问，因而才有创造。

所以，学习也是一辈子的事。我常跟我的小外甥说，就算你上北大了，读清华了，博士后了，学习也不过是才开始。世界上那么多书，还不够你读？人世间那么多疑难，还不够你想？读书重要，思想更重要。书是人写的，古圣贤之前并没有书，或只有很少的书，何以他们竟能写出前无古人的书呢？还是要靠观察、靠感受、靠思想。因此就不必为北不北大、清不清华过分忧虑。你跑一阵子，我跑一辈子，还不行吗？我早就认定自己的智商是中等，这份诚实（情商）让我受益匪浅。人生确实像爬山，每爬一段都会有些人停下来。北大了，清华了，那不过是说起跑还不错，但生活是马拉松，是铁人三项，是西西弗斯式的没完没了。

再说了，就算你北大了清华了，剑桥了哈佛了，"诺贝尔"了，就一定是成功的人生吗？比如说，你一辈子也没别人一阵子跑得远，这咋办？又比如说，你一阵子比别人一辈子跑得还远，然后又咋办呢？怎样才算成功？什么才是成功的人生？就留给各位去解答吧。提醒一句：这问题，你不回答你就停下来了，你回答你就别想靠一阵子；反正是愚钝如我者已然大半辈子了，尚未找到标准答案。

（摘自《信与问——史铁生书信序文集》，花城出版社，一清图）

# 致《MING》读者的一封信

◎ 李欧梵

青年们：

对我来说，青年是人生中最重要的阶段。青年人得不断地诉求，不断地发现自己、发现人生，所以你可以说我现在还是一个青年，因为我仍在不断地发现人生。现在的青年人一定要聆听自己的心，每天要反省自己，问一些一般人不会问的问题，比如说：我的人生意义是什么？这些问题，有时候一生一世都解答不出来，但是一定要问。就个人而言，我每天都问一些很怪的问题，我自己也解答不了，但这些问题，它们给了我思想上或者是心理上的动力，支持我在人生的过程里一直诉求。

每个年轻人的个性都不同，环境不同，自己的兴趣也不大相同。兴趣是非常重要的，大部分青年现在为了求生，只做一些社会以为是最有用的东西，诸如科技、电脑、经商、到外国留学等。可有时候，这些做法和志向，如果跟自己心里想的不同，我希望你们能够做自己想做的事。自己的兴趣是不可以没有的。我这辈子，为什么有这么大的冲劲，对人文的喜爱这么强烈？就是因为我有这个兴趣。

我喜欢英国，我喜欢电影。最近我指挥的时候，写了一篇很长的文章，说指挥就是我的梦想。我知道自己做不了一个专业的指挥家，但是我的梦还是达到了。有时候，青年人一定要有梦，这个梦，将来什么时候实现呢？没有人知道。可是，千万不可以放弃自己的梦，所以我对青年人的鼓励都是比较达观的。

现在的青年，大陆也好，台湾也好，香港也好，都很失落。对我来说，失落是一个正常现象，特别在这个功利的现代社会，如果你不失落，你不正常。如果有人说自己想从17岁开始赚钱，这是不好的。失落不代表你就要放弃年轻，变得悲观，推搪自己的人生，不敢面对；失落反而提供了一个最好的反省机会。你要不停地问自己：我做人有何意义？我最大的兴趣是什么？我最喜欢的是什么？我最喜欢的书是什么？

作为一个人文主义者，我觉得最重要的是自己怎样去做人。这是说做人的各个方面，你自己要知道你想做什么。你可以做其他的事情，也可以同时做两三样事情，你可以应付自己的生活，可是自己的兴趣绝对不可以放弃。将来可能就是因为这个兴趣，就是因为这点儿小小的火花，支持你一辈子。这就是我的忠告。

可是兴趣怎样去培养呢？要从小就开始培养，不要给自己任何的限制。

当你有了这个兴趣之后，你自然就拥有一个冲劲。这个原动力将使你慢慢走向自己愿意做的事情，使得你向前走，做一些有意义的事情。这是我的经验。有人说喜欢打电玩，只要你将来想设计一个最科幻、最有创意的游戏，这是好的；如果你打电玩是因为你闷，没事情好做，这是最差劲的。我反对所有被动的东西、所有迎合时尚的东西，所有为了赚钱、为了外在的欲望的推动力，我都反对。你可以有这些欲望，但不可以成为欲望的奴隶。

内心的冲力、感觉和愿望，要如何发现呢？只有自己才知道。当然，最好的办法就是看最好的书，交人生真正的朋友，以及想象中的朋友。我朋友众多，托尔斯泰也是我的朋友，我从来没见过他，因为他死了。可是呢，神交嘛。青年人交朋友，Facebook是不够的，你需要找一种神交的方式。跟书的关系也是一样，看电影也是一样。年轻人如果有感觉失落、失败、忧郁的时候，千万不可以了此生。不行！生命太可贵了！人生来就有意义，这个意义是什么呢？还得你自己去寻找。希望我讲得不算抽象。好，就这样吧。

李欧梵，著名教授，作家，文化评论员，国际知名文化研究学者，有"狐狸教授"的美誉。

（摘自《明日风尚》
2011年第1期附刊，猪茜熙图）

# 一封信，像大地寄给秋天

◎罗 兰

尽管这里是亚热带，但我仍从蓝天白云间读到了你的消息。那蓝天的明净高爽，白云的浅淡悠闲，隐约仍有北方那金风乍起，白露初凉的神韵。

一向，我欣赏你的安闲明澈，远胜过春天的浮躁喧腾。自读小学的童年开始，我就深爱暑假过后，校园里野草深深的那份宁静。夏的尾声已近，你就在极度成熟葢郁的林木间，怡然地拥有了万物。由那澄明万里的长空，到果实累累的秋禾，就都在你那飘逸的衣襟下安详地找到了归宿。接着，你用那黄菊、红叶、征雁、秋虫，一样一样地把宇宙染上含蓄淡雅的秋色。于是树叶由绿而黄萧萧地飘落，芦花飞白，枫林染赤，小室中枕簟生凉，再加上三五日潇潇秋雨，那就连疏林野草间，都是秋声了！

想你一定还记得你伴我度过的那些复杂多变的岁月。那两年，我在那寂寞的村学里，打发凄苦无望的时刻，是你带着哲学家的明悟，来了解慰问我深藏在内心的悲凉。你让我领略到寂寞中的宁静，无望时的安闲，于是那许多唐人诗句，都在你澄明的智慧导引之下，一一打入我稚弱善感的心扉。是你教会了我怎样去用寂寞无聊的时刻，发掘出生命的潜能，寻找到迷失的自我。

你一定也还记得，我们为你唱"红叶为他遮烦恼，白云为他掩悲哀"的那两年怆凉的日子。情感上的折磨使我们觉察到人生中有多少幻灭，多少残忍，多少不忍卒说的悲哀。但是，红叶白云终于为我们冲淡了那沉重的烦恼和忧郁。如今时已过，境早迁，记忆中倒真的只残留着当时和我共患难的那个女孩落寂的素脸。是"白云如粉黛，红叶如胭脂"，还是"粉黛如白云，胭脂如红叶"，那感伤落寞的心情如今早已消散无存。原来一切的悲哀，如加以诗情和智慧去涂染，将都成为深沉激动的美丽。你曾如此有力地启迪了我们，而在我逐渐沉稳的中年，终于领悟到你真正的豁达与超然！

你接收了春的绚烂和夏的繁荣，你也接收了春的张狂和夏的任性；你接收了生命们从开始萌生到稳健成熟这期间的种种苦恼、挣扎、失望、焦虑、怨仇和哀伤，你也容纳了它们的欢乐、得意、胜利、收获和颂赞。你告诉我：生命的过程注定是由激越到安详，由绚烂到平淡。一切情绪上的激荡终会过去，一切色彩喧哗终会消隐。如果你爱生命，你就不怕去体尝。因为到了这一天，你将携带着丰收的生命果粒，牢记着它们的苦涩或甘甜，随着飘坠的落叶消隐，沉埋在秋的泥土中，去安享生命最后的胜利，去吟唱生命真实的凯歌！生命不是虚空，它如厚重的土地一般真实而具体。因此，你应在执著的时候执著，沉迷的时候沉迷，清醒的时候清醒。

如今，在这亚热带的靛天白云间，我仍然读到你智慧的低语。我不但以爱和礼赞的心情来记住生命中的欢乐，也同样以爱和礼赞的心情去纪念那几年——生命中难得出现的那几年中的刻骨的悲酸与伤痛！

而今后，我更要以较为平淡的心情去了解，了解那属于你的冷然的清醒、超逸的豁达、不变的安闲和永恒的宁静！

（摘自《时代青年·哲思》2011年第12期）

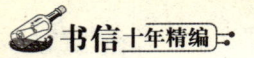

亲爱的朋友：

您的信让我激动，因为借助这封信，我又看到了自己十四五岁时的身影，那是在奥德亚将军独裁统治下的灰色的利马。我时而因为怀抱着总有一天要当上作家的梦想而兴奋，时而因为不知道如何迈步、如何开始把我感到的抱负付诸实施而苦闷。我感到我的抱负仿佛一道紧急命令：写出让读者眼花缭乱的故事来，如同那几位让我感到眼花缭乱的作家的作品一样，那几位我刚刚供奉在自己设置的私人神龛里的作家：福克纳、海明威、马尔罗、多斯·帕索斯、加缪、萨特。

我脑海里曾经多次闪过给他们中间某一位写信的念头（那时他们还都健在），想请他们指点我如何当上作家。可是我从来没有敢动笔，可能出于胆怯，或者可能出于压抑的悲观情绪——既然我知道他们谁也不肯屈尊回信，那为什么还要去信呢？

类似我这样的情绪常常会白白浪费许多青年的抱负，因为他们生活在这样的国家里：对于大多数人来说，文学算不上什么大事。文学只是在社会生活的边缘处苟延残喘，仿佛地下活动似的。

# 给青年小说家的信

◎ [秘鲁] 马里奥·巴尔加斯·略萨 赵德明 译

既然给我写了信，那您就没有体验过这样的压抑情绪。这对于您愿意踏上的冒险之路以及您为此而期盼的许多奇迹，是个良好的开端——尽管您在信中没有提及，但我可以肯定您是寄希望于奇迹的。

请允许我斗胆提醒您：对此，不要有过高期望，也不要对成就抱有过多幻想。当然，没有任何理由说您不会取得成就。但是，假如您坚持不断地写作和发表作品，您将很快发现，作家能够获奖、得到公众认可、作品畅销、拥有极高知名度，都有着极其独特的走向。因为有时这些名和利会顽固地躲避那些最应该受之无愧的人，而偏偏纠缠和降临到受之有愧的人身上。这样一来，只要把名利视为对自己抱负的根本性鼓励，那就有可能看到梦想的破灭，因为他可能混淆了文学抱负和极少数作家所获得的华而不实的荣誉与利益。献身文学的抱负和求取名利是不相同的。

文学抱负的基本属性是，有抱负的人如果能够实现自己的抱负，那就是对这一抱负的最高奖励。这样的奖励要超过，远远地超过它作为创作成果所获得的一切名利。作家从内心深处感到，写作是他经历和可能经历的最美好事情，因为对作家而言，写作意味着最好的生活方式。

…………

您在内心深处已经把献身文学置于高于一切的坚定不移的行动之中了。那现在呢？您把文学爱好当做前途的决定，有可能会变成奴役，不折不扣的奴隶制。为了用一种形象的方式说明这一点，我要告诉您，您的这一决定显然与19世纪某些贵夫人的做法如出一辙：她们因为害怕腰身变粗，为了恢复美女一样的身材就吞吃一条绦虫。您曾经看到过什么人肠胃里养着这种寄生虫吗？我是看到过的。我敢肯定地对您说：这些夫人都是了不起的女杰，是为美丽而牺牲的烈士。

60年代初，在巴黎，我有一位好朋友，他名叫何塞·马利亚，一个西班牙青年，画家和电影工作者，他就患上了这种病。绦虫一旦钻进他身体的某个器官，就安家落户了，吸收他的营养，同他一道成长，用他的血肉壮大自己——很难、很难把这条绦虫驱逐出境，因为它已经牢牢地建立了殖民地。

何塞·马利亚日渐消瘦，尽管他为了这个扎根于他肠胃的小虫子不得不整天吃喝不停（尤其要喝牛奶），因为不这样的话，它就烦得你无法忍受。可是，他吃喝下去的都不是为了满足他自己的快感和食欲，而是让那条绦虫高兴。

有一天，我和何塞·马利亚在蒙巴拿斯的一家小酒吧里聊天。他说出一席长长的坦率的话，这番话让我吃了一惊："咱们一道做了许多事情——看电影，看展览，逛书店，几个小时、几个小时地谈论政治、图书、影片和共同朋友的情况。你以为我做这些事情的时候是和你一样的吗？因为做这些事情会让你快活，那你可就错了。我做这些事情是为了它，为这条绦虫。我现在的感觉就是：现在我生活中的一切，都不是为我自己，而是为着我肠胃里的这个生物，我只不过是它的一个奴隶。这蠕虫在这之前就钻进我的心中，它蜷曲在那里，用我的大脑、精神和记忆做食粮。我知道，自己已经被心中的火焰抓住，已经被自己点燃的火吞食，已经被多年来耗费我生命的愤怒与无法满足的欲望铁爪撕得粉碎。一句话，我知道，脑海里或者心中或是记忆中，一个发光的细胞将永远闪耀，日日夜夜地闪耀，闪耀在我生命的每时每刻，无论是清醒还是在梦中。我知道那蠕虫会得到营养，永远光芒四射。我知道无论什么消遣，什么吃喝玩乐，都不能熄灭这个发光的细胞。我知道即使死亡用它那无限的黑暗夺去了我的生命，我也不能摆脱这条蠕虫。"

我知道终于我还是变成了作家，我也终于知道了一个人如果要过作家的生活，他会发生什么事情（你应该已经想到了，就好像何塞·马利亚喂养他的绦虫一样）。我想，只有那种献身文学如同献身宗教一样的人，当他准备把时间、精力、勤奋全部投入文学抱负中去，那时他才有条件真正地成为作家，才有可能写出领悟文学为何物的作品。而另外那个神秘的东西，我们称之为才能、天才的东西，不是以早熟和突发的方式诞生的，至少在小说家中不是，虽然有时在诗人或者音乐家中有这种情况，经典性的例子可以举出兰波和莫扎特，而是要通过漫长的程序、多年的训练和坚持不懈的努力才有可能使之出现。

没有早熟的小说家。任何大作家、任何令人钦佩的小说家，一开始都是练笔的学徒，他们的才能是在恒心加信心的基础上逐渐孕育出来的。那些逐渐培养自己才能的作家的榜样力量，是非常鼓舞人的，对吗？

假如对这个孕育文学天才的话题感兴趣，那么我建议您读读福楼拜的书信集，尤其是1850年至1854年间他在创作第一部杰作《包法利夫人》时写给情人路易莎·科勒的那些信。我在写自己最初的那几部作品时，阅读这些书信让我受益匪浅。

尽管福楼拜是悲观主义者，他的书信中充满了对人性的辱骂，但他对文学却有着无限的热爱。因为他把自己的抱负表现为参加远征，怀着狂热的信念日日夜夜投身其中，对自己苛求到难以形容的程度。结果，他终于冲破自身的局限性并且写出了像《包法利夫人》和《情感教育》这样的长篇小说。可以说这是最早的两部现代小说。

另一部与这封信的话题有关的作品，我冒昧地推荐给您，就是美国一位非常特别的作家威廉·巴勒斯写的《吸毒者》。巴勒斯作为小说家，我丝毫不感兴趣，他那些实验性、心理迷恋性的故事，总是让我特别厌烦，甚至让我觉得不能卒读。但是，他写的第一部作品《吸毒者》是有事实根据的，有自传性质，那里面讲述了他如何变成吸毒者、如何在吸毒成瘾后自由选择的结果，毫无疑问是某种爱好所致，变成了一个幸福的奴隶、快乐的瘾君子。我认为描写得准确无误，是他文学抱负发挥的结果，也写出了这一抱负在作家和作家任务之间的从属关系以及作家在写作中吸收营养的方式。

但是，我的朋友，对于书信体文字，我这封信已经超过了合适的长度，而书信体文字的主要优点恰恰应该是短小，因此我说声：再见吧。

拥抱您。

马里奥·巴尔加斯·略萨

马里奥·巴尔加斯·略萨，拥有秘鲁与西班牙双重国籍的作家及诗人。诡谲瑰奇的小说技法与丰富多样的深刻内容为他带来"结构写实主义大师"的称号，代表作品有《城市与狗》《绿房子》《胡莉娅姨妈与作家》等。2010年，他获得了诺贝尔文学奖，成为历史上第107位获得诺贝尔文学奖的作家。

（摘编自《给青年小说家的信》，上海译文出版社，猪茜熙图）

# 沉睡的王子

◎丁小云

斯小类：

你好，先说声抱歉，因为我偷懒了，直到今天才回你这封信。既然你在来信中提到了文艺，那么就从这个话题开始聊起吧。我的豆友"肉夫"在豆瓣上向友邻推荐毛姆的小说《月亮和六便士》时，写下了这样一段推荐语："这真的是本好书，好人生就是找到了自己所要的生活方式，简单自由，释放灵感，之后毫无留恋地死去，去他的名誉，去他的金钱，去他的爱情，去他的一群还在社交中翻滚的傻瓜。"

很痛快的一段话，看《月亮和六便士》的确就是这样的感觉。这部小说的男主人公就像是一个邪魔，为了艺术，逢神杀神，遇魔杀魔。看他的故事，我一直在心里感叹：要有多么强大的内心，才能如此百无禁忌？

你说："世界上热爱文艺的人有很多，但从事文艺的人只有那么一小部分，而且在很多人看来有些人还是落魄的，是与社会主流格格不入的。"在我看来，除非他们缺乏足够的艺术天赋，否则只要死磕到底，不患得患失，他们就能完成自我实现。另外，如果他们不痛恨名利双收这件事，那他们只要再学习一些大多数文艺青年不屑学习的自我营销手段，那他们还能在自我实现的基础上获得社会的承认，进而名利双收。

当然，《月亮和六便士》描述的是一种极端激烈的"艺术人生"，也许这样的人生并不是你想要的。

海明威曾说过一句话，和你引用的《沉思录》中的那句话观点相近："在人生或者职业的各种事务中，性格的作用比智力大得多，头脑的作用不如心情，天资不如由判断力所节制着的自制、耐心和规律。"

如果一个人无视自己的气质、兴趣、性格、心情以及天资，选择了自己打心眼里不感兴趣的专业或职业，那他得到的将只是无穷无尽的烦躁和痛苦——这样的烦躁和痛苦也许会鲸吞蚕食掉他的自制力和耐心，而他很可能会因此一生庸庸碌碌、一事无成。

一个人如果每天都抽出一点儿时间硬着头皮去做一两件自己不爱做的事，倒是能起到磨砺意志的作用；但如果每天要用大量时间去做自己不爱做的事，那无异于每天都在虐待自己。所以还是选择一个每天只要你一睁开眼就迫不及待想去学习的专业吧，然后再选择一个每天只要你一睁开眼就迫不及待想去做的工作。

也许有些人会说：人生怎么可能如此如意？的确是这样，但他们忘了，是选择决定了人生，只要选择的方向是正确的，路途再曲折也不怕，因为抵达目的地将只是一个时间问题。

在网上曾看到这样一段很有趣的话：请转告王子，姑娘我还在披荆斩棘的路上，还有雪山未翻，大河未过，巨龙未杀，帅哥未泡，叫他继续睡死没关系。

事实上，你爱做的事以及你想过的生活就像是一个沉睡的王子，你只有不断披荆斩棘才能找到他，而且只有你的吻才能唤醒他。这就像是一个爱情故事，如果其中没有足够的曲折，估计你也会觉得这样的爱情太没劲了。

总之，竭尽全力让自己活得更自由，过一种更真实、更有趣的人生，做喜欢做的事，交值得交的人，让我们的身心都得到更多的快乐，这些都是符合人的本性的。人不能总是跟自己的本性过不去，否则他十有八九会在痛苦中酝酿绝症，在泪水中结束一生。

（摘自新浪网丁小云的博客）

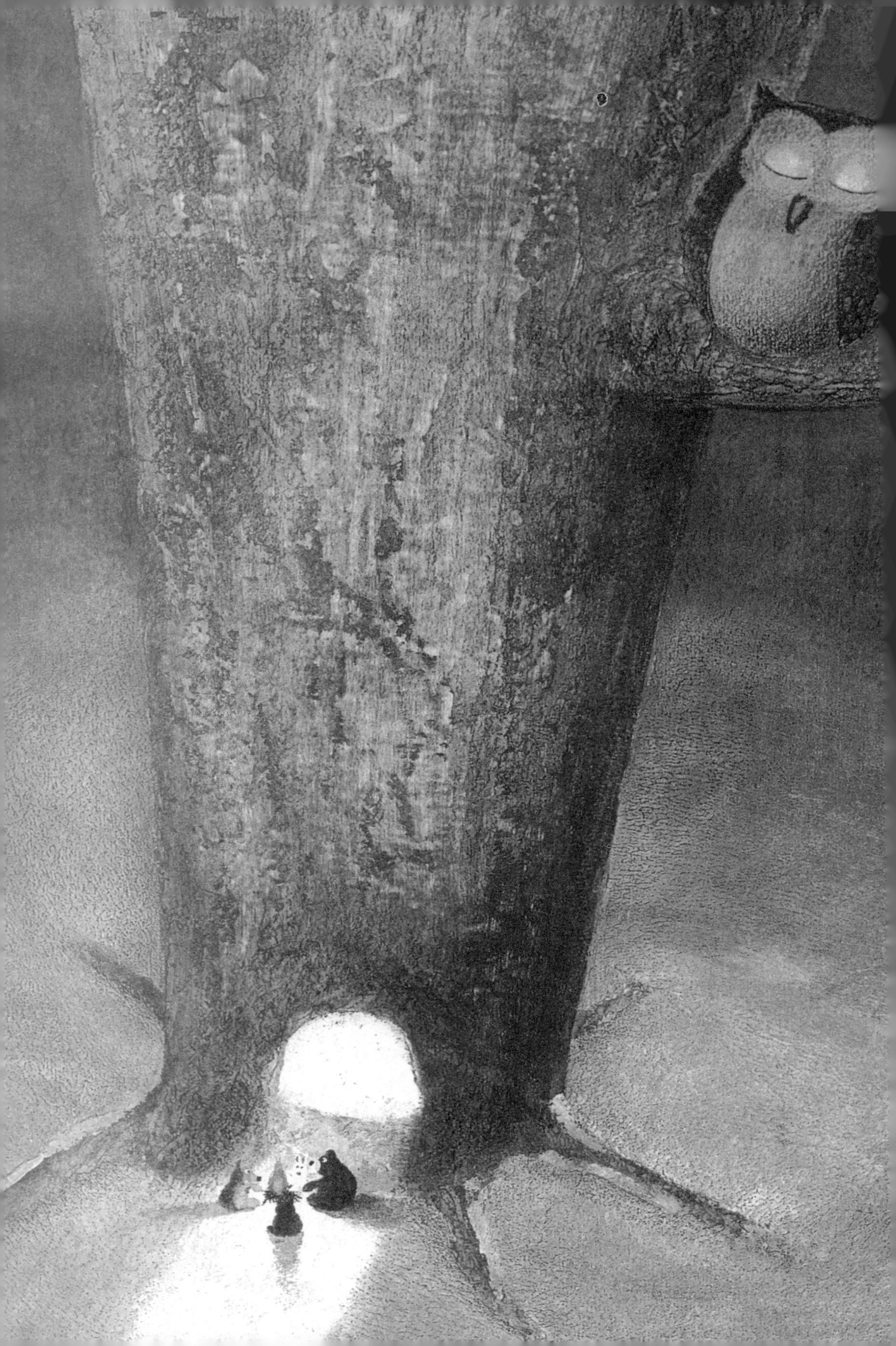

# 幽谈

　　秉烛夜谈,抑或纸上泼墨,大千世界、万般奇闻,尽付笑谈中。谈人生,既有惊世骇俗的壮举,也有异想天开的奇迹;论理想,既有鸿鹄展翅的高远,也有五湖泛舟的翩然;话世间,既有天马行空的妙想,更有出其不意的惊喜。数不尽的故事,道不尽的人生,为你细细诉说。

# 80后女孩写给未来儿子的信

◎ 网 哉

乖儿子（如果是闺女，千万别跟妈计较，因为打"儿子"两字只要敲四下键盘）：

你好！

我是你妈、你亲妈、你风华绝代的亲娘！

嗯，看到这封信的时候，你一定很好奇妈是什么时候写的。非常骄傲地告诉你：是你妈20岁那年写的。那会儿，连你爹都没有，就是突然心血来潮了，决定现在写下一些话和承诺。可能你读完会想说："妈，赐我毒药，让我离开人世吧！"

首先，我必须说，其实，你有可能差点儿就不出现在这世上。因为，你妈我曾经从想要俩孩子，到只想要一个孩子，到后来，见着孩子就恶心。但是，遇见你爸，你妈就"眩晕"了！然后，你也知道：男大当婚，女大当嫁。于是，在一个非常美好的日子，我和你爸就拜堂成亲了。因为爱你爸，因为你妈觉得女人没有孩子很不完整，所以就决定生养你了。

为了你，娘抛弃了性感小裙；为了你，母后放弃了一切被定义为垃圾的食物；为了你，额娘想没事踢踢你爸都提心吊胆……你说，一个娇媚无比的女人突然这样，容易吗？

首先，视觉上就得进行调整；其次，心理上要准备承担更多累人的事。所以，为了你，我和你爸没少受苦——一点儿都不容易！以后别觉得我们活该对你好；以后别觉得一切拥有都是理所当然；以后我们爱你十分，你得爱我们五分——剩下的五分就看你小子的良心了！

看见你，就会让我想起和你爸相爱的点点滴滴；看见你，就会让我想起你姥姥和你姥爷那时是多么不容易；看见你，就会让我想起你妈小时候也跟你似的那么可爱……

对于你的爱好，妈稍微有点儿自私，就是想让你去学钢琴。你妈我学了七八年钢琴也没弄个什么肖邦啊贝多芬奖的，那是因为你姥姥只是想让我有个兴趣，而我纯粹是为了让你以后勾搭小姑娘更加方便点儿——有那么一部分丫头看见长得不错还会弹钢琴的男生就发昏。当然，如果你誓死不学，我也不逼你，最多不理你几天。还有，妈希望你能爱运动——篮球、足球、网球，各种球随你乐意。学生时期，运动型男生很招风，我希望你是校园风云人物，迷倒一大片女孩，让她们来贿赂我——告诉她们记得带酸奶。这样，没事儿你爸还能跟你在楼下篮球场斗两下。当然我经过的时候，你必须把球传给你爸。这样，我就可以抱着你爸说："老公，你真帅！"你爸一个反扑，冲我说："媳妇儿，走，回家！"

妈希望你能爱学习，但不是书呆子。千万别跟我说："妈，我只爱学习，我只想看书。"我可能一激动会掐死你！不用非得什么第一、第二、年级前50名，差不多就行。这个东西要看你自己，只要你觉得满意，只要你觉得这就是你的能力就行了。

恋爱这个问题，妈的建议就是：如果觉得责任是你能承担的，那么你爱怎么折腾都随便。

只是，我要告诉你：每个女孩都值得被珍惜，不要随随便便地玩弄任何一个人的感情。

对于朋友，请你记住：哥们儿是陪伴你最久的一群人。作为男人，担当、责任、仁义，这些请你记住。妈宁愿要一个为了哥们儿去讲义气的儿子，也不想要个冷血无情只为自己的尊贵人物。不过，你要是陪小混混们一起打架斗殴，让警察叔叔送家里来了，我抽死你！这事儿没商量。

关于你的前程，爹妈不会强求你，希望你能去做你真正想做的事儿。如果你想拎包走遍世界——好的，去吧！每个年轻人的血液里都有着那些冲动，年长的人会称之为盲目。但我不希望等你老的时候会后悔年轻时有那么多没做过的事情，只要不是坑蒙拐骗。有人说：人生最邪恶的地方是只能年轻一次。可这也恰巧是人生中最美好的地方，只有这样才能让我们学会珍视和坚持。

我和你爸不需要你养活。让你拥有自己的事业，是为了让你可以承担自己的家庭。对了，说到这儿，就要提一个很严肃的问题。那就是，你结婚了，千万别跟我和你爸住一起。求你了，就让我们安逸地度过晚年吧！你要是有小孩了，也千万别扔给我们，每个星期带过来让我们俩玩两天就行。我和你爸可能没事就出去旅游了，哪儿好玩儿去哪儿。

对于感情，妈妈要告诉你，记住：只靠单纯的喜欢和爱，那份感情不会长久；信任、沟通和宽容才是最重要的。人不难懂的，只要你主动去沟通，试着换位思考。请你信任你的爱人，不要怀疑；请你尊重你的爱人，不要认为对方理所当然就应该对你好。

关于生活，这是一个妙不可言的话题。每个人的生活方式不一样，但都遵循着一个准则，那就是良心。请你活得潇洒些，请你活得对得起自己。别大学毕业了跟我说："妈，我没拿下英语四级。"你爱拿不拿，只要学校给你毕业证。

还有，就是要记住你妈爱喝酸奶，你挣钱了必须给她买酸奶，但绝对不要芦荟味儿的；记住你爸爱你妈，别没事傻乎乎地和你爸统一战线跟我作对，因为你会输；记住我爱你，非常地爱你，从你出现在我生命里的那一刻开始……

至于你老婆，带回来给我和你爸瞧瞧。大概的理想儿媳妇标准就是五官端正、四肢健全、心智正常、知书达理。你要敢给我领回一出口成"脏"的儿媳妇，我能踢死你！别怪妈不开通，因为你妈不想看见一泼辣少妇在眼前晃悠。

不说了，妈累了，还有点儿饿了。你是不是看哭了？别哭！你妈爱感动人这事儿不是一年两年了。因为心里有你，才想那么无怨无悔地爱你、宠你、感动你、对你好……千万别总出去说我是你妈，我怕那些孩子因为太羡慕而挠你！

曾在日记本上随手写下了一句话："爸妈是我人生最大的弱点，若他们离去，我的世界会瞬间崩塌！"后来下面被你姥姥补了一句话："孩子，等到你为人父母那天，你的世界就是你的孩子。若他们离去，你的世界会瞬间崩塌！"

大宝贝儿子，我爱你！我还至死不渝地爱你爸，我还以命担保地爱你姥姥、姥爷、爷爷、奶奶，我还坚贞不渝地爱自己的祖国！

你温柔可爱娇媚性感活泼动人勇敢美丽又勤劳的亲妈亲书。

时间日期自己查去吧。

（摘自2009年2月25日《广州日报》）

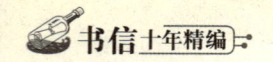

# 只有智慧生生不息
## ——给五万年后的人的信

◎ 蒋方舟

五万年后的聪明人：

为什么非得五万年呢？短暂的奇迹年代特别好，太长了就成了多事之秋了。

你一定用你的聪明，解读了留有我信息的光盘。在你的想象中，我可能是个老人，下巴拖到肚子上，像妖怪。但是我不老，在某种角度、某种光线、某种审美观上，我还算是个气质女孩——一个穿着校服长裙，面带奇异微笑，深不可测的女生。

我从小就被视为早熟的、古怪的少女。当我快速而马虎地结束认字过程之后，我就开始写作了，那时大概是七岁吧。令我恐慌的是，如果我不会写作，我会怎样？除了写作，我只会攒钱和省钱，我攒了一书包的零钱，大概有十块钱耶！除了极其高超的察言观色和狡辩的能力，以及超级冷静清醒的脑袋之外，我是个很普通的人，脸上没有多长一只眼睛，也不会吞火球，连骑自行车都不会——每次一上车就大呼小叫，然后极其敏捷地跳下车。我常年穿着男人颜色的衣服，走起路来像个老太太，即使被打扮了，也没有成长为"姿容瑰逸绝色倾城"的蛛丝马迹。

但是，还好，我会写作，我最近在写一些专栏——专栏是什么呢？有一种厕纸，上面写着一些名人名言，上厕所的时候，可以顺便长点儿智慧。这东西有点儿像专栏——我研究了中国的历史，号称"悠久"其实短暂的几千年历史。我发现历史书其实蛮无聊的，主要是为那些有权势的人服务的，其中也夹杂了一些没有权势的聪明人。中国的古代有很多聪明人，他们大多去对对子了，对得好，就有可能变成有权势的人；对得不好，就被有权势的人杀了。比如有个骆宾王，是个神童，七岁就会对对子："白毛浮绿水，红掌拨清波。"这是形容鹅的；长大他当官了，又对对子："入门见妒，蛾眉不肯让人；掩袖工谗，狐媚偏能惑主。"这是形容一个有权势的女王的，女王不喜欢，他就被杀头了。

但是，在被历史遗忘的夹缝里，我还发现了很多智慧又有趣的人。比如战国时候的列子，列子很厉害，指着动物尸体对他的徒弟解释进化论，而他的徒弟听不懂其中一大半的话。庄子的朋友惠子更伟大，他说过"南方无穷而有穷"，意思是到达南极点后，再向前就不是南方了。他还说"物方生方死"，意思是物体形成的时刻，也就是它解体的时候。他跟对手庄子辩论的时候，经常兴奋得滔滔不绝，庄子就说："不啦不啦，对方辩友，说而不休，多而无已，烦死我了。"我总是轻快又惋惜地想："真是难以相信，他们全都死了。"当你打开我的光盘时,也会有同样的感慨吧?当七万年后的人,打开你的光盘时,也会有同样的感慨吗?人都会死,只有智慧是生生不息的。

在我生活的世界有一种说法:"一万个人里边,只有一个天才。剩下的人,要想引起别人注意,就只有靠吆喝、靠抢钱、靠谄媚、靠脱衣服、靠装病态?"我一直坚信自己是个少年天才,从小就明白许多事情,比如那些智慧的哲学家,多半是在做些字眼的争吵。我不容许自己不坚信。因为我不想叫卖,不想装病,不想讨好,也不想长出"临终之眼"——许多人是在他们就要死的那一瞬间才开了点儿悟,刚想到一点儿普通的人生感慨,比如:"要与人为善!"就嗝屁了。

我决定像不懂得科学实验的古人一样,激动又不负责任地悄悄告诉你——在很早之前有个聪明人叫达尔文,发明了"进化论",让猴子的脑子越长越复杂,就成了人了。但是我也有我的理论,那就是"退化论"。我认为离远古越近的人越聪明,因为他们想事情总是从天地万物的本源想起,而不是像后来的很多人,想到几十年前流行齐膝的裙子,就想不动了。

我希望五万年后的你,用实验来证明我的观点。那时,我会让我的曾曾曾孙女,不要跟你抢"诺贝尔奖"。我会告诉我的曾曾曾孙女,我是一个多么慷慨的好人。

(摘自2011年7月26日《广州日报》,王华图)

# 跌落的时光写在水上

◎陈雅佳

果子:

距离上封信已经一个夏天了,而距离上次见面,却整整一年了。在夏季这个暴戾的季节所隐藏的绵软情绪,不是三言两语说得清的。我挥霍了所有高一的时光去安抚一段记忆,努力阻止它在脑海里生根发芽,开出令人难过的花朵。

果子,现在的你还会不会觉得在那座城市找不到一个可以被称为家的地方?还会不会在晚上突然惊醒,然后披上衣服坐在床头无法继续入睡?还会不会在发呆时突然又想起某些少年的名字,然后突然发现那名字已被自己写满一整页的纸?而我,现在的我多么害怕,害怕看到手机屏幕持续的黑暗,也害怕因为某首歌、某句话触发记忆的伤口。同时,我是多么地想念你啊,想念一起走过的那条长满法国梧桐的寂寞小街;想念那年在本子上写下的所有的诺言,最终抵不过时间。

果子,你知道吗?行走,从来不是为了记起,而是为了忘记。

所以我策划了这次出逃,选择将自己置身于那个长满向日葵的小镇。当我坐着飞机升到万米高空时,心里感到前所未有的轻松。我真的如此轻易地就选择了逃离,逃离了这座埋葬着我所有的城市,这座拥有一个月的漫长雨季的城市。它在我的视线里越来越小,越来越远,直至消失不见。我在心里轻轻地与它告别,然后透过机舱那小小的窗,我看见了满天的云,像一朵朵泪痕挂在天上,仿佛隔世的风景。翻着《丽江的柔软时光》,翻出对丽江的记忆,那里有很好的阳光,温柔地烤着五彩石铺成的街道。清灵的水中游动的红鲤,有些害羞地躲在青荇中,使人产生江南水乡般宁静致远的感觉。还有那座像梦般存在的玉龙雪山,似乎永远缥缈在心上,丽江的存在,更像是一个时间的意外。于是,当我又一次站在这个那年说好要

121

一起前往的地方时，我不得不感叹，时间真的把很多东西都拉得太远太远。

栖居的客栈是个闹中取静的好地方，在小巷深处，听不到游人的喧嚣，且远远便可看到爬出院墙的三角梅，艳丽的花朵开在白墙上，像幅绝世的画。客栈的小院是纯正的纳西风格，老板娘是个蕙质兰心的白族女子，将整个客栈收拾得令人舒服。回廊上摆着供人休息的木椅和桌子，用黑陶的罐子装上一大束采来的白色雏菊。院内种着各种兰花，因为这里的人大都是喜欢兰花的，听说那香气也带着几分禅意，若是凑得太近反倒无法感受，只有隔着一定距离才能嗅到。而院内栽种的那棵桂花树，在每年中秋便出落成满树繁花，到那时，便可一边品尝青梅酒，一边吃着自家做的桂花糖。我想，这是怎样一份在城市中难以收获的闲适。老板娘也正是冲着这份闲适才来到这里，一住便是十年。十年以来，每天过的都是读书、沏茶的生活，她说这样并不是乏味的，而正是她所找寻的诗意的栖居，让人感到流年未动静若水。

从丽江归来，皮肤已如同镀上了一层蜜色的釉，不经意地带着点儿快乐的色彩，如同那些纳西族的姑娘一般——也算是古镇对我的馈赠吧！

等到秋天到来，我就和昆德拉一起旅行，一起寻找在别处的生活。我也会学着诗人那样开始写诗，可是我终究不是诗人，那些写满了文字的纸已经流落到买破烂的老头手上，我所谓的诗和诗人所谓的爱情一样失败。用很长时间去读一本早已读过的书，安静地、有耐心地阅读《生活在别处》，主人公诗人为爱而生，也最终终结在爱情中。我羡慕他，是因为他生活在布拉格，那个有梦的城市，他有理由成为诗人。而我们究竟是生活在哪里？我们的生活可以被称为生活吗？

我们生活在生活之中，也许真是"不知生活真面目，只因生活在其中"吧，于是我又开始了寻找。加缪、舍斯托夫、陀思妥耶夫斯基……他们让我体会到存在的伟大力量。存在就是生活，我在用生活证明着我的存在。

才意识到8月已呼啸而过，而我，又将只身前往永无的岛屿，这封信，便是我予你的，我所有跌落的时光。

念安！

勇气同学

（摘编自《小溪流·成长校园》2010年第6期，王华图）

# 写给猫的一封信

◎王佩

亲爱的白菜头：

夜已深了，我躺在故乡的床上辗转反侧，你是否已在沙发上进入了梦乡？这几天不在，阿姨一定给你喂了充足的水和猫粮。这点我毫不怀疑，因为我知道，为喂猫而开出这么高工钱的人，在杭州并不多见。

你肯定不能理解人与人之间的这种交换。我并不需要去喂阿姨家的狗，她却乐意来照看我家的猫。那是因为我们人类有更复杂的交换方式，我们用一种叫做钱的东西来购买食物和服务。一个人可以有很多钱，不像你们猫咪，一只猫不可能拥有很多老鼠。

白菜头，你知道吗？有钱有两大好处。第一，可以买很多东西，比如房子、车子，还有好吃的鱼；第二，你不需要支付一分钱，也能买到周围人的尊敬。

白菜头，我没有很多钱，可以炫耀的只有数码相机和你的照片，但这在我的家乡都会被嗤之以鼻。

按人类的成功标准衡量，我是个失败者。我同学的孩子，有的已经参加高考了；我邻居家的小罗圈腿都已经开上了汽车；我同事也在装修他的第三套房子。

而我身边的伙伴只有你，并且我没告诉你，我们现在住的房子、院子都是租来的。

好消息是你平日最喜欢爬的桌子是咱们自己的，你喜欢躺上去睡觉的那些书，也是咱们的财产。今年5月的那个雨天，你流浪到我家，是你选择了我，我没得选择。

白菜头，你不知道你带给了我多少安慰与快乐。

我可以把你的故事写到博客里，但无法跟故乡的人讲述。他们会叹息一声，扭过头去。

跟你们独居的猫类不一样，人类经常要回到家乡。

父母的家是这样一个地方，有了麻烦可以逃走，受了伤害可以回去。我们年少时就从家乡逃离，以后在外的每一步，只会给家乡的父母留下喜悦与伤痛，荣光与耻辱。

爷爷去世的时候我在外求学，奶奶临终的时候我在外赚钱。如今父母也老了，我还在外面漂呀漂，装得人生很有目标的样子，任他们孤独老去。

故乡，这遥远的小县城，是外面世界的映射。谁家儿女在外混得好，谁家孩子在外落了魄，都写在留守老人们的脸颊上，也写在邻居的眼神里。

亲爱的白菜头，你知道什么是家园，但你不明白什么叫故乡。故乡是个光线很亮的地方，亮得可以把眼睛灼伤。

在我的家乡，人们都互相攀比，有时连亲人之间都不例外，我们这里有很多兄弟反目的故事。人与人之间的理解，有时并不比猫和猫之间更深入。

我们人还会彼此隐瞒，只说一些好消息，假装忘掉那些坏消息。亲人之间互相猜谜，知道答案却要拼命捂着。有时只有在你们猫咪面前，我们才展示喜怒哀乐的真实情绪，所以你经常领教我的坏脾气。然而，如果不告诉你那些噩梦，我该告诉谁去呢？

很快我将回到你的身边，再一次把故乡抛到脑后。你肯定不明白什么叫离别，当大巴开动的一瞬间，内心大恸。是远方选择了我，不是我放弃了故乡。

我只知道，穿过黑夜的旅程，比白昼更长。

你的朋友

（摘自《看天下》2010年第22期）

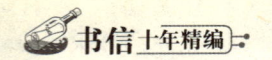

# 小新，你和哆啦A梦一样，没有爸爸了

◎ 221.232.159.*

小新：

我在想，该怎么跟你开口。

我想跟你说，你爸爸走了。可是这怎么可能呢？这话说起来连我自己都不相信。那个创造了你这个小流氓的臼井仪人居然可以就这么突然地死了。

我一直觉得，这世上总有那么一些人，是不会死的，是会一直存在的。他会渗透到你生活中的点点滴滴里去，总是会让你在不经意间想起他。所以，即使有一天有人告诉我说，他真的离开了。我仍然会说，这怎么可能呢？

小新，你还只有五岁啊！你还没有泡到所有的大姐姐，你还没来得及和娜娜子姐姐结婚，你还没有和风间一起上小学，你还没有给小白找个老婆，你还没有实现让小葵长大后帮哥哥泡美眉的绝妙计划，你还没来得及实现你要快快长大的愿望。而且，我还不知道你和小爱最后到底怎么样了。你怎么能就这样离开呢？

小新，很多人总是斥责你是小混蛋、小流氓，可我从来不觉得。因为每当看到你们一家总是吵吵闹闹，锅碗瓢盆摔得到处都是，但是结局总是开开心心地在一起，不管怎么吵怎么闹都是一家人永远在一起时，我心里总是会感到很温暖。

小新，我以后还想看见，你对美女搭讪，你一脸小流氓样地说大姐姐你喜欢吃青椒吗吃纳豆放不放葱，你对娜娜子姐姐献媚，你扭着屁股唱着大象歌，你欺负正男，你不情愿地和妮妮玩过家家，你被妈妈K头，你一回家就说妈妈你回来了妈妈我要"心点"然后又被妈妈骂，你被小葵欺负得无奈，你不遛小白不给它喂狗粮，你和小葵被爸爸的鞋子熏到晕过去，你和小葵最喜欢被爸爸用胡子蹭而且一定要是刚刮过的那种，你说梦伢这种颓废流的生活是你想要的吗然后又一脸羡慕地说你生活得真是自在呀，你说美伢都快三十岁的女人了腰上的肉肉这么多了还臭美出门就别化妆了，你说爸爸你居然藏私房钱我要告诉妈妈！

你这个土豆头的小流氓，说话真讨人嫌。

小新，别走好吗？你真的拥有好多让我感到温暖的东西。

你有个好妈妈，美伢虽然总是K你的头，对你恨铁不成钢，无时无刻不在纠正你的鬼马错误，但是她还是会在晚上给你盖上蹬掉的被子；虽然你每天早上都赶不上幼稚园的班车，她尽管抱怨却依然每天风雨无阻地骑车送你去幼稚园；在你遇到危险时，她不顾一切；在你被其他大人骂感到委屈时，在外一向忍耐的她还是会叉起腰不顾形象地骂回去……她真的很爱你。

你有个好爸爸，一个虽然懦弱经常在外受气但真的很爱很爱你们的爸爸。虽然他挣不了很多钱，但他一直在努力，努力还上32年的房贷，努力让他爱的你们过上好日子。他每天拖着疲惫的身子下班回家，却总是会在看见你们的那一刹那绽开那么幸福的笑容，仿佛只要看见你们，任何辛苦都会烟消云散，任何苦累都是可以忍受的。虽然他时常控制不住自己在大街上望向美女的滴溜溜的眼神，但他总是会记得家的温暖。

你还有一条这么天才的狗——小白，我还记得你叫它Siroi，和你一样欺软怕硬的小狗狗。我有把你叫小白的声音做过短信铃声哦。虽然小白是你同情心泛滥捡来的小野狗，却那么聪明，会在你说"小白！棉花糖！"时"嗖"地蜷成一团。虽然你经常忘记喂它遛它，但当小白要被发射进太空时你恨不得自己去死的样子我一直都记得。我知道你爱它，就像很久很久以前我看过的那个视频，是讲15年后的你和小白，是说小白老了死了以后的事情。但现在，似乎你和小白都不能再长大了。

你有那么多的朋友，逼你玩过家家的妮妮，我还记得她随时从衣服里掏出来泄愤的兔子；总是傻傻的阿呆，鼻子上总挂着一条鼻涕、大智若愚的阿呆；懦弱的正男总是被你欺负呢，你说你把他弄哭了多少次；对了，还有风间，你不是喜欢吹他耳朵吗？你别走了，小新，你走了风间肯定会哭的，就像他当初要去美国时，你的眼睛不也湿了吗？

你还有那个嫁不出去的一天到晚臭美的松坂老师，我想知道她以后会嫁给哪个男人；还有那个总是呵斥你的吉永老师，其实她真的也很爱你，尽管你总是搅乱她和石板的约会；还有园长呢，那个长得一脸凶相，总是在你叫他老大或者组长的时候彻底无奈的老好人；差点儿忘了，还有那个眼睛总是被厚厚的镜片遮住的有点儿自卑的上尾老师，她似乎和小爱的保镖黑矶刚有了爱情的苗头，但现在也只能永远是苗头了。

小新，叫你爸爸回家看动感超人吧。我怕他不记得回家的路，你去接他好吗？

小新，你说，他是不是又想拖稿了？就像漫画里他自己画的那些作家经常为了拖稿而到处逃窜玩失踪那样，在现实中他也想玩一下这种游戏。小新你要替我们指责他这种不负责任的行为哦。

小新，我真的很想看你每年一度的剧场版，今年的剧场版《春我部野生动物园》我为了留个盼头还一直没看呢。还有我最喜欢的15周年TV纪念版，日语中字的制作，画面精致得让我爱不释手。你不要剥夺我每个星期都搜索土豆网的这个乐趣好不好？我每天下楼打饭前都会缓冲好几集你的15周年准备看的心情，你也要拿走？

小新，你这个小流氓，你的人生才刚刚开始。我真的很想很想看你和你妹妹一起长大。我一直以为我可以看着你们长大。所以，不要离开好吗？

以前我觉得上千集的小新，真的好多；现在我却觉得，真的很少。以后的人生，还有那么多日子，还有那么长、那么长……就那么几集，哪里够我回味你？

我已经习惯了每年、每月、每周对你的等待。但没想到，这种等待竟成了永

125

远。我对你的记忆还停留在2009年8月的新番连载662话。过了2009年11月，存稿用完。我只知道，从此这个世上，再无小新。

小新，你的人生永永远远停留在了五岁那年。再没有野原新之助、野原美伢、野原广志、野原葵、小山梦伢、小山真伢、野原银之介、小白、阿呆、正男、风间、妮妮、小爱、吉永老师、松坂老师、上尾老师、园长先生……

臼井仪人，你就这么潇洒地一甩手，你就让小新的世界在一瞬间仿佛时间静止了，所有的一切都没了……你带走了整整一代人的回忆，而你曾经带给我的无数欢乐却又那么真实地存在着。

那，如果这是做梦就好了。那么梦醒了，我是不是还会看见一个土豆头红短袖黄短裤的小子跳出来说："大家好！我的名字是野原新之助，今年五岁，是春日市双叶幼稚园向日葵小班学生，家里有爸爸妈妈，还有一条名叫小白的小狗！我爱吃小熊巧克力饼干和动感汉堡，我最喜欢做的事是跳屁屁舞、把妈妈的内衣裤套在头上、跳大象舞、学动感超人大笑、发射动感光波、滚来滚去！"

我一定一定会拽住他说："小流氓你没走啊！那就不要走了！姐姐带你去找娜娜子，还给你吃皇家巧克力蛙饼干！"

小流氓小流氓小流氓小流氓小流氓小流氓！

让我再多叫你几声吧！

（摘编自蜡笔小新贴吧，猪茜熙图）

# 写给26岁自己的一封信

◎ 王珞丹

亲爱的：

再过几个小时就是你的生日了，不管你生日怎么过，我都会陪在你心里，为你点燃你最不想看到的27根蜡烛！

过往的26年里，我们一开始除了爸爸妈妈谁也不认识，然后，慢慢长大认识各种各样不同的人，这些人有的会一直和你在一起，大多数最后会和你完全没有关系。但是，不管哪种，你都要感谢他们曾经出现在你生活里，因为这些人你才变得更好，更懂事，更懂得珍惜。马上就27岁了，你别嫌我唠叨，因为这次不唠叨就得一年后了。其实有时候我很矛盾，一方面随着你年龄的增长，我希望你越来越大气、成熟、稳重；可另一方面，我不希望你这样，我希望你还像原来一样！傻了吧叽地对着太阳乐着，无论身后的影子有多黑！

但是我知道，我担心再多也没办法帮你，因为你总要与时俱进的。只是希望以后别太逞强，不要太倔。也许在外人看来26岁的你应该成熟了，可我知道大部分时间里你还是个baby，baby到一点儿小病就有可能要了你的命。胆大不要命的你26岁高龄还敢去演十八九岁情窦初开的角色！这种高龄产妇不免让我为你捏把汗，好在顺利生产，母女平安！只是看到你"产后"的微博，让我有些担心，太过忧郁其实不适合你，忧郁大发了就成抑郁了，快些调整过来吧，快些从静秋走出来吧，太过文艺没市场的……

哦！你看看我又说大实话了，我又犯跟你一样的毛病了，讨人烦！虽然在你很小的时候，大人们教育你要做个诚实的孩子、正直的人，但是可能这些品德也只适合孩童世界！我知道这也是你不想长大的原因！不过没关系，我相信你可以应对好！就算被磨平，你也是鹅卵石里最尖的那颗！而且是很大的一颗！

对了，你今年事业会特别特别特别好，好到会遭人羡慕忌恨。所以孩子啊，记得收起你的锋芒，夹住你的尾巴，毕竟26岁就有你这样的成绩——接了可口可乐，拍了 *Elle* 封面的年轻演员不多！重音在"年轻"上。哎，我还是忍不住要夸你！没办法你就是太优秀了，你看吧，你身边像我这样真诚的一定有很多，夸得比我邪乎的大有人在！只是希望你谨记！每当这个时候，就要念我教给你的去大头症的咒语"别人必须把你当回事，你自己不能太把你当回事"念上个十遍！

唉，唠叨这么半天我也累了，你也烦了！再跟你最后说十块钱的，你我都知道"杜拉拉"是个教材，正反都有，其实一直以来我都不希望你成为现实版的她，高处不胜寒，越到高处越身不由己。因得到与失去永远成正比！我还是希望你是你，自由，无拘无束，坚持自己当初的坚持，虽然身为"美白"代言人依旧可以素颜穿着睡衣陪爸妈去菜市场，幸福地牵着你的破狗、被谁拉着你的破手逍遥逛大街！

哎哟喂，你说我怎么那么有才！王珞丹你说是吧！

王珞丹祝王珞丹生日快乐！

（摘自《现代青年·细节版》2012年第3期）

# 明天的咖啡
## ——一个00后致另一个00后的信

亲爱的弟弟：

你还不熟悉我。呵呵，说出来有点儿奇怪，我们亲如兄弟却又素昧平生。你爸爸和我爸爸，是嫡亲的兄弟。我们是"堂兄弟"，当然，再到我们下一代，他们可能都忘了这个名词。

我对你印象特别深，因为常听到奶奶说你在北京怎样。老家下大雪了，屋里屋外一样冰凉。奶奶说："北京有暖气，屋子里暖乎乎的。"我也见过你一岁那年回家的景象，叔叔满村子找热水，为了给你烫奶瓶。他还让爷爷特地从镇上买了箱矿泉水，说"村里的水不好，怕娃娃喝了拉肚子"。呵，我不怕。虽然我也看见了，那管子里流出来的微黄的沉渣。

叔叔也喜欢我，买了好多糖给我吃。但他看见我咧嘴笑时，又转身责怪奶奶："以后别让壮壮吃甜食了！看，他牙齿都黑掉了！"可是，有好吃的就是最大的幸福啊，哪里还想过口腔保健！你不，刚开始吃辅食时，婶婶就给你刷牙。他们买12块钱一支的欧乐B牙刷，每年带你去体检，三岁开始做窝沟封闭。

虽然我比你大三岁，但不知怎的，你的知识，已经比我渊博了。你知道奥特曼、名侦探柯南、卡酷动漫还有福五鼠。要不是怕坐飞机伤着你的耳膜，叔叔和婶婶，说不定已经带你去了印度。现在你已经会使用iPad，用小小指头在屏幕上点来点去，熟练地打开各种游戏。而我呢，经常面对的是大片"雪花"，村子里已经有了电视信号，但不太好。全村都没有上网的地儿，而你已经会指着百度视频对婶婶说："妈妈，我要听歌！"

爷爷奶奶很想你，有时候想得掉眼泪，但你很少很少来。叔叔婶婶对你的呵护，有时候太过细致。担心你掉到池塘里，担心你被蚊子咬，点蚊香又怕你被化学物品熏。相比之下，我真是没心没肺地长大。甚至不懂得怎么思念爸妈，他们在温州打工，一个做保安，一个做裁缝。我现在不太记得清妈妈的样子了，因为只能从电话里听到她的声音。我只能常常捧着她的照片看。我真的很想念她。

有一次，我爸管你爸借钱了。那回，我爸骑摩托车，不小心撞车了，受了伤。你爸二话不说，就寄了一万过来。很感谢。后来，肇事方的补偿到位了，我爸也二话不说，把钱寄回。我爸说，越是亲兄弟，越是不能欠着对方。

那些成年人的交道，与我们无关，但好像有时又有关。有时我觉得我爸挺有心气儿的，对我说："我们家人的智商都不低，你也好好考，将来考上清华，像你三叔一样……"但有时他又格外消沉，喂完鱼了，就是打打麻将。我也想打麻将，一辈子。

可家里人都说不行。奶奶不识字，她也逼着我读书。那是她对我做的唯一严厉的事，连学费她也不要我爸操心。爷爷养鱼挣的钱，就给我交学费买零食。

那些和你的一比，又好像只是杯水车薪。听大人讲，你幼儿园一个月的学费是两千多，天哪，两千多。叔叔还苦笑着说："这算便宜的！城里很多幼儿园，都三千呢。"他还计划着攒十万元，让你上重点小学。奶奶吓坏了："有十万块还读什么书呀！"叔叔说："城里都这样，有钱你还不一

128

定送得出去呢。"

那是怎样的城？我不喜欢那样的城。可我也不完全喜欢我现在的村庄，看不到爸爸妈妈的村庄。虽然也有成垛成垛的麦秸秆，温顺的牛与羊，安静的池塘。可池塘里的水都绿得发臭了，住在村子里的人，越来越少，许多人搬走了，越发显得荒凉。

我没喝过咖啡。

我喜欢喝可乐、雪碧。

要是我去北京，你会不会带我去吃麦当劳？

他们常说我们是一代人。可有时候我觉得我和你完全在两个世界。你的2010，不是我的2010。等我们18岁，作为成年的男子相聚时，是否还认得彼此？

最后告诉你，上次不把玩具给你玩，我不是有意的。你是我弟弟，奶奶说过，世界上再没有这样亲的一家人。发自内心地想爱你。

请告诉我，应该如何做到？

哥哥：壮壮

（摘自《中国青年》2011年第1期，叶小开图）

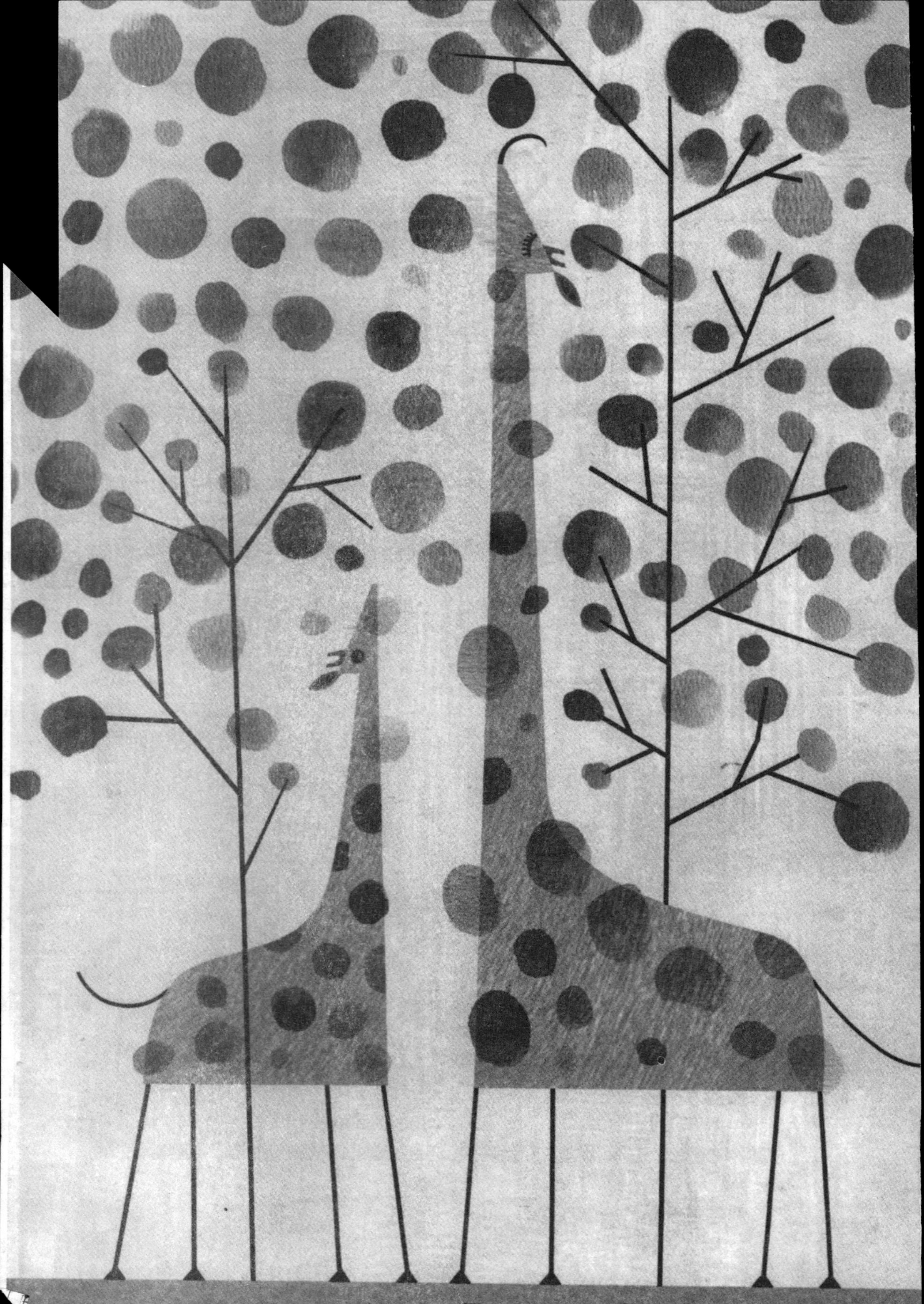

# 万物声

　　小雨淅沥，泉水叮咚，诉说着降临世间的喜悦；夜莺歌唱，喜鹊报春，讲述着世间动人的故事。自然万物用自己独特的语言谱奏出美妙的乐曲，将人间装点得生机盎然。今天，我们也要为它们赞美，为它们歌唱：赞美这成长路上风霜雨雪的奇观，歌唱这前行路上鸟语花香的陪伴。

# 给儿子的一封信,关于海洋

◎林文静

儿子:

那天带你去看《海洋》,电影里有只海狮,在一片脏兮兮的海域穿梭游曳,彷徨而好奇地注视着身边的垃圾和超市里的手推车,我不禁难过起来。我想起了妈妈家乡的那片海。曾经,那里天蓝蓝,水莹莹,各色贝壳沿着波浪的弧线,点缀着洁白的沙滩。你老妈我这个岁数的孩子的童年,都与那片海有点儿关系。海边是连绵的椰子林,大片马鞍藤盛开着美丽的紫色小花,一直由椰林蔓延到海边。小螃蟹横行沙滩,刚被发现,就会迅速消失到某个隐形的洞穴里。

儿子,你的运气不如老妈。我玩过的海滩已经沧海桑田。就如《海洋》的导演雅克·贝汉带儿子参观灭绝生物博物馆所作的凝重诠释与回顾一样。因为人为的破坏,上一代所经历的很多事,所看到的海洋和生物,新一代都可能不再知道了。

十几年前,先是有人在妈妈的家乡开挖海沙和海底珊瑚礁。因为过度开采,海变得越来越浑浊,海水慢慢上涨,没过白色的沙滩,漫进椰林,很多从海里漂浮上来的垃圾四处散落。近几年,老家政府开始严打挖沙和挖珊瑚礁行为,投入资金重新买沙填海——没承想,一个资金雄厚的商人把椰林周围的地全都承包了,建起了海边度假村。原来的椰林不见了,

到处是外表原始内在奢华的小木屋。人们要想再去那片海，已不似从前那么容易了。若不是到度假村去住宿或吃饭，到村口就会被阻拦，要不掏点儿钱，就甭想去海滩。记得我带你去那儿的情景吗？我心里说：这就是我儿子认识的海？这里不属于你，而是属于某个商人。

这是不对的。你要永远记得，儿子，人不可能拥有一片海洋，也没人有权利垄断海滩。

以前海滩上人很少，到处都是贝壳；现在，海滩上贝壳要比人少。水上摩托艇和沙滩直升机不停忙碌，不断发出嗡嗡呜呜的声响，海面一片喧嚣；海边布满遮阳伞，游人如织，海滩一片吵闹——照我看，海没有以前的蓝，连沙也没有以前的白。孩子，一定不要说脏话，但是你妈我当时看着这些游客，心里想，你们看个毛啊。

过去，渔民为了近海捕鱼发生矛盾与争吵是家常便饭，这个不和谐的场景如今倒是没有了——近海的鱼类越来越少，谁也不知道它们是迁徙到了别的地方，还是跟着这片海域的静谧一起消失了。雅克·贝汉说："我们经常能听到，这一年又有多少物种消失了。我不禁想反问人们，这就是它们的意义吗，仅是一些数字？在我小的时候地中海有很多沙丁鱼，但是经过工业捕捞后，它们少了很多；西班牙和法国等国家还因为捕捞鳕鱼的问题发生过争端，但是后来争端没有了，为什么，因为鳕鱼没有了。"

"灭绝，灭绝，灭绝"，这部电影的旁白就这么直白。

没有了，没有了，一切都没有了。我心里想。

鲨鱼的宿命并不比鳕鱼好到哪里去，看过《海洋》的人，都会对鲨鱼被割掉背鳍和尾巴，然后被活生生地丢回大海的片段感到难过。唱诗班沉重低吟的音乐背景下，鲨鱼习惯性地试图摆动业已不见的尾巴，痛苦而绝望地坠入海底，等待死亡。

我多么希望你没有亲眼看到这一幕。在你妈我这个年代，有个开饭馆的小开叫汪小菲，我不喜欢他，也不喜欢他那位扁脸盘的媳妇，不过他们做了件正确的事：停止在饭馆里供应鱼翅。

"它们花了几百万年进化到今天，却在几十年内消失了，因为人类"——环保主义者说人类是"地球之癌"，我也曾是个愤世嫉俗的女青年，如今看着你，无论如何也下不了狠心，说你这样圆头圆脑的小伙子是"地球之癌"。我只能希望你长大后，能成为一个有反省能力的人，能过一种更有意思的生活，懂得人的局限，懂得自然之美，并且和自然万物和平共处。

我带着你，走在海边，看着眼前热闹喧腾的一切，脑子里又想起了自己童年时的那片海，想起了海边的那几块礁石。小时候，我们还常常爬到礁石上玩，可现在礁石不见了，有人说它们被淹没到了海水里，有人说它们被加工成了度假村里的假山，也有人说它们被冲到另一个海滩去了……

没有了。儿子，世界上没有什么比这三个字更让人空虚了。

爱你的妈妈

（摘自《新民周刊》2011年第37期）

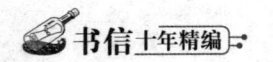

# 生命的底片
## ——写给15岁的儿子

◎ 聂雄前

大概是八九岁的时候，你还会雀跃地让我带你回老家看奶奶。这两年，你再也不屁颠屁颠地跟着我回乡了。我的故乡于你，只是和深圳不同的场景和生活。在那里，你能够自由奔跑，忘情玩耍。譬如，骑牛骑猪，用炮仗吓鸡吓狗，用蚯蚓钓鱼钓虾。而现在你长大了，这一切都成了小儿科。

但故乡之于我，却是生命的底片。

也是在八九岁的时候，我已经是村里小有名气的放牛娃。我为队上放养着全公社最大的一头水牛，在每一天的清晨和黄昏。风和日丽的春日，我听过阳光和水牛一起吞噬青草的声音，欢快而悠远；昏黄萧瑟的秋天，我听过秋风收割土地的声音，冷酷又短促。

大多时候，我放牛的日子是平淡的，我牵着它来到一面山坡上，把牛绹往它背上一搭，它就乖乖地逐草而去。我身手敏捷地打完猪草，就有了大把大把发呆的时间。

有温煦的春风吹过，有湿冷的寒风吹过。最受不了的，是很多个无所事事的下午，那只鸟儿的叫声在不远处不期然地响起。开始，一定是"上天去，上天去"一路的高歌，我睁大眼睛看着这只鸟直插云霄。然后，就听到"上不去了，上不去了"滚滚的哀号，这只鸟像石头一样摔下来。一年四季，这种鸟儿在山间田野开始它们飞天的努力；一年四季，这种鸟儿把"上不去了，上不去了"的绝望留在我的心里。

加缪把西西弗斯的命运，看做是人类普遍的宿命的悲剧。我八九岁时，从这只鸟儿身上就明白了。可是，儿子，你是否明白，西西弗斯不推石头，他会怎样活？这只鸟儿不向天上死命地飞，它就不叫麻雀。你初一的语文课本里，有诗人王家新的一首诗《在山的那边》。山那边是什么？天那边是什么？西西弗斯想过，那只鸟儿想过，王家新想过，我想过，你一定也想过。

你15岁了，还是没心没肺地活，看不出你有理想、有热爱，连早晨起床上学也没有一次不靠我们叫醒、拖起。我就想，这狗东西怎么这样不懂事，这样没有责任心，老子读书从来没人叫，老子高中两年每天要走八里路上学，从来没有迟到过……你自得其乐、人模狗样地在王品牛排、名典咖啡吃西餐，我坐在对面，坚决只吃回锅肉饭。我心想，臭小子，你坐在这里是你爸妈奋斗了差不多二十年才有的机会，你不奋斗，将来有的吃吗？

故乡会在每一个人的生命中显影。故乡是我的生命底片，故乡的苦难迫使我走向远方，在深圳我生下你，我依然只能用故乡话和故乡告诉我的道理教育你，我的故乡会在你的生命中显影吗？

我不会把我的故乡强加在你的头上，我也不会愚蠢到用"忆苦思甜"的可笑方法激励你、改变你。每个人有每个人的问题,每代人有每代人的幸福和苦恼,没什么高低之分。

儿子,我想说的是,千百年的家族史到你这一代就改变了,你再也没有故乡了。深圳,是你父母的家,是你的故城。从你开始,你在哪里你儿子的故城就在哪里;你儿子在哪里,你孙子的故城就在哪里。想一想你们的生活,并不比我们容易。

儿子,深圳华侨城是你的家。在这里,你已经度过十年的时光。你会永远记得,灿烂的春日里,OCT生态广场火红的凤凰花、桃花、筋杜鹃;你会永远记得,每天晚上从窗外响起来的民俗村和世界之窗的激情歌声;你会永远记得,父母对你的爱和期望。但是,你一定要记住,即使在华侨城,也有无数的乞丐在度日如年,也有无数的民工在挥汗如雨。不要歧视他们,你父亲本来就应该是他们中的一员,只不过他的运气好一点儿而已。

"暮色苍老/暮色很久以前就老了/一根七岁的牛绚/牵着古老的群山在蹒跚/牧歌没有家/牧歌在永远的归途"——这是一位朋友写给你爸的诗。儿子,记得带着你的儿子回一次我的故乡。故乡的地下有你的爷爷奶奶,他们会很高兴。乡亲们肯定不认识你,但只要报出你爸爸的名字,你会有肉吃、有酒喝。

故乡的底片,会在每一个人的生命中显影。而我用故乡的话给你讲述的一切,用故乡的逻辑为你做过的一切,也会在你的生命中显影。

(摘编自《女报·时尚》2010年第1期,沈骋宇图)

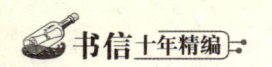

亲爱的安东尼：

我希望你内心始终不忘培养对大自然深深的挚爱之情，培养对你身边万事万物的敏感之心，学会感动并且怀着亲昵的心情，去体察在这种奇妙的秩序和设计中洋溢出的上帝的旨意。

我觉得，任何具备普通观察能力的人都会感到震惊：近年来被称为"可怜的谬误"的东西充斥着我们的文学，占据着我们的心灵。

所有特别敏感的人都乐于想象这个有形的外部世界与自己的欢乐和忧伤息息相关，与全人类的欢乐和忧伤息息相关。说真的，安东尼，我不相信，仅仅因为你和我都深知时间在飞逝，深知白昼从我们的手中流逝后就永远不可能再回来，我们才觉得辉煌的落日充满某种强烈的忧伤。它仿佛在告诉我们，每一道悠长的金色云朵，每次那琥珀色的深处逐渐消逝的温柔的闪烁，都传递着某种无法言传的伤悲和强烈的告别意味。

安东尼，如果你真心想聆听，会有形形色色的声音向你的耳畔飘来：海滨漫长的巨浪反复发出的激荡声；寂静的深夜里从长满青苔的石头间穿过的溪流的呜咽声；从树林间掠过的不绝于耳的飒飒声；在高温炎热的夏季，从洒满阳光、平坦的草地上方传来的遥

# 热爱自然

◎ [英] 斯蒂芬·柯勒律治 杨向荣 译

远的教堂钟声……这些不禁让人产生一种声音与宇宙的伟大的精神交流的感觉。

我们身边所有这些声音和景象似乎都是情感和灵感在物质世界的象征，在它们的迷惑下激荡着我们的灵魂。

安东尼，我们应该到这样的地方去冒险：乘一艘巨轮驶向无限深渊，在群星闪烁的天空下航行在赤道地区的汪洋大海上。你将发现，辽阔的天空显得那么安宁和静谧，一望无际的大洋将让你精神镇定，感觉到它们在静止状态下显得多么庄重。

当你有了在陌生的天空下，在遥远的海上航行的经历之后，等你回到家里，就会迫不及待地欣赏并回忆起赞美诗中那些漂亮的词句："他们驾船下海，在汪洋中开拓自己的事业，他们见识了上帝的杰作和深渊中的奇迹。"

虽然我从来都热爱草地、篱笆和幽深的古巷，这一切都是人类在大地上耕耘的结果，不过，安东尼，我有时想，去乡村生活同样令人心旷神怡。也许除了道路，那里目前依然保留着上帝初创时的样子，没有任何人类沾过手的痕迹。

没有什么比沿着像达特（位于英国德文郡）这样的河流，从克莱梅湾附近的源头一路探索下去来到达特茅斯（旅游胜地，位于英国西南部德文郡的一个小镇）更迷人的了。这条河从达特

# 一枚碧绿的叶子

◎ 菡萏

可依：

从这封信开始，爸爸要和你谈一个严肃而沉重的话题。对于你这样一个正在成长中的女孩子来说，我在信里所说的，你未必全然明白。爸爸希望你把这些信好好地收藏，等到你能够完全读懂的那一天，再把它们展开，相信你会触摸到爸爸此刻这颗热烈而又平和的心。

宇宙间一切奇迹之中，最令人惊叹的也许就是生命。一只夏夜里闪亮的萤火虫、一头笨重无比的大象、一棵参天耸立的杉树，以及一个个走在熙熙攘攘人群中，有着不同肤色、不同名字的人……所有这些，都构成了这个世界的活力所在。生命到底是什么？似乎没有一个统一、公认、确切的答案。

我记得你上幼儿园的时候，有一天回家跑进厨房，拉着妈妈的围裙问："妈妈，今天老师问我们：'你们知不知道婴儿是从哪里来的？'有个小朋友回答说，是从很远很远的地方来的，像寄信一样，用鸽子的嘴叼着运过来的；另外一个小朋友说，可以到超市买一包婴儿种子，然后撒在园子里，就可以长出一个个婴儿了。我想了想，觉得他们说的都不对。我是妈妈生下来的，其他婴儿也应当有他们自己的妈妈。妈妈，你说对吗？"妈妈笑着回答你："光有妈妈还不行，还要有爸爸，你是爸爸妈妈共同'造'出来的！"的确，生命不是一件器物，可以随手放置或抛弃，它一旦来到世间，就值得我们好好地珍惜。你的出现是偶然也是必然——获得生命是偶然，拥有生命是必然。你的诞生是爸爸妈妈家庭生活的转折点，你的成长是爸爸妈妈生命日历上一朵艳丽的花。

然而。对于按照物理规律、化学规律、生物规律、社会规律等等永恒运动着的人类的"大生命"来说，你只是其中的一闪灵光。你和爸爸妈妈、芸芸众生一起，组成了人类生命生生不息的链接。

关于生命。我们听到更多的，是她的赞美曲——生命神奇，生命伟大，生命高贵，生命美丽……的确，生命是

---

沼泽地中心开始，流程达很多公里，沿途荒无人烟。越过与西达特相连的达特米特（英国德文郡的一个旅游景点）后，它陡然落入岩石耸立的峡谷。接着，美轮美奂的布克兰森林映现眼前，把两岸的沟壑遮蔽得不见天日。最后，这条漂亮的河流进入草原地区，在陶特尼斯（英国德文郡达特河上游的城市）与一道激流交汇，形成一个风景迷人的河湾，最后流入大海。

即便今天，这条路线沿途绝大部分地方的景色跟数千年前毫无二致，人类还不曾改动过它们。

苏格兰的许多地方同样具有这种不曾动过的特质，包括艾里克湖，全长二十公里，自始至终没有一处人类光临过的迹象。

我想，安东尼，如果让它们跟我们交流，我们自己也肯倾听的话，这样的景色会对我们产生巨大的感染力。它让我们心里涌现出一种强烈的创世之初那种灿烂辉煌的感觉。历经无数个世代，那些山冈的形状、湖泊的位置、河水的激流没有些微变化，让我们觉得所有人类活动的兴衰以及自己渺小的生活显得那么微不足道。我们回到家园时心情会变得更加谦卑，同时对这一切背后潜藏的那个伟大力量平添更强烈的敬畏感。

你敬爱的老祖父

（摘自《幸福16书》，华夏出版社，沈骋宇图）

宇宙间最伟大的奇迹。大自然经过漫长的演变才出现了生命，其中任何一个自然条件微小的改变，都有可能扼杀生命于摇篮之中。面对生命，我们有讲不完的故事，描不尽的图画，抒不尽的感情。

然而，生命又是那样的脆弱与无奈——在人的生命过程中，每个人都会无数次面临死亡的逼视。死作为生命的归宿，总是不间断地给人以暗示，造成一种很难消解的沉重精神压迫……

你还记得爸爸推荐给你读的欧·亨利的小说《最后一片叶子》吗？病重的女孩琼西把自己生命的希望系在窗口的常春藤叶上。当它们一片片落下，她就一点点丧失希望。在一个暴风雨的晚上，最后一片叶子令人绝望地掉了下来。它的位置却被老画家贝尔门用颜料代替，那个画在墙上的叶子拯救了女孩。在寒风中死去的老画家，完成了他一生的杰作。

从这篇充满人性美的小说中，你看到了什么？我看到了一个人的三重生命。第一重是他的肉体生命，生老病死，饮食生息；第二重是他的社会生命，各种角色，权利义务；第三重是他的精神生命，超乎天地，恩接千我。

对于肉体生命，我们要呵护，不能戕害，不能透支，更不能自残；对于社会生命，我们要珍惜，学生就是学生，孩子就是孩子，拥有权利，也要承担义务。但肉体生命毕竟是有限的，社会生命也是不断变化的。今天你是孩子，将来你会是父母；今天你是一名学生，将来你就可能是一位教师，唯有精神生命是永存的。

其实，我们每个人都有自己的最后一片叶子，尽管大小不同，形状各异，但只要它在你心灵的窗口闪动，你就有凝望它的理由。不管你有没有勇气走近，去看一看那是真实的叶子，还是颜料的魔术，只要有一片叶子，你就会存在。只有某个时刻，你突然觉得，这片叶子不复存在了，它就会无声无息地消失。为了这个理由掉落的叶子，应该不是在秋冬，而是在失去希望的夜晚。

父亲

（摘自《兵团建设》2010年第6期，稀释深蓝图）

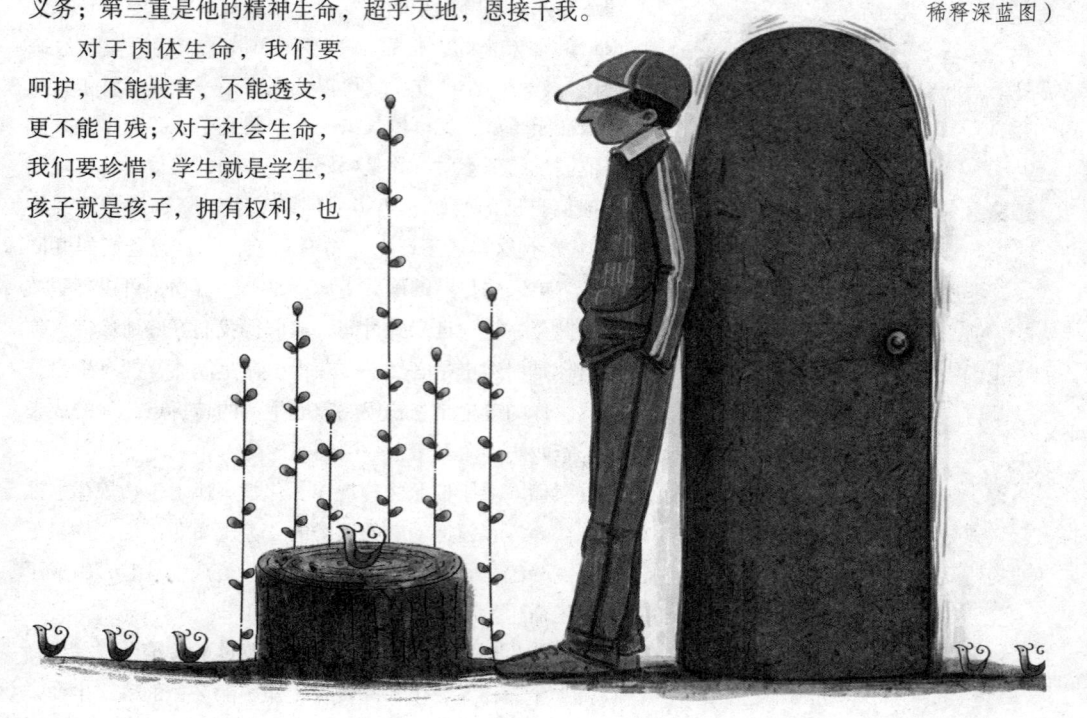

# 在世界的尽头，给你写信

◎ 蔻蔻梁

最后，我还是决定去Maria La Gorda，古巴最西面的那个尖角。"那里是世界的尽头。"当我把小镇上唯一一个租车公司里租来的唯一一辆完整的小汽车停在乡间山路上的时候，雪茄田里的大叔比画着告诉我。在出发后的第二个岔路口，我就离开了笔直的正道，一路奔跑在这些起伏的山道上，用迷路表达对这个地方的敬意。

大地上除了小土路就是雪茄田。正是收割雪茄叶子的季节，男人用拇指大的圆月弯刀，只是抚摩了一下烟草的梗，就把巨大的烟叶收割下来。卷烟的都是些老头子或者老太婆，他们是古巴星球人，一出生就皱纹满面。但烟叶连这些长满皱纹的大腿都不会遭遇到，它们遇到的只能是不起眼的小厂房里的小木板桌面，以及掌纹里都是污垢的手，被口水粘贴起来，然后穿上各种名牌标签衣裳，运到世界各地。小车在雪茄田之间穿行，面前的镜头好像那部儿童公路电影《古巴万岁》。记得有一天我问你道路的尽头是什么，你说是另外一条道路。可难道道路的尽头不应该是墙吗？就像现在，我在古巴，这条路的尽头就是世界的尽头——而我喜欢，并且情愿相信这个答案。

三个小时之内见到的唯一一个人是个士兵，守着一条朽得让人想一拳打断的护栏。士兵处在一种连见到坏人都开心的寂寞状态中，他欣喜地指着木头护栏背后，沿着海岸消失在密林里的一条乱石小路告诉我，一直走一直走，过了《古巴万岁》里小男孩和小女孩要找的那个灯塔，看到唯一的一个旅社，就是此行的目的地。

最后的那点儿夕阳拼了命一样地血红着。拉丁美洲大陆开始向我展示它的魔幻本色。两旁的棕榈树妖异细长，只有我的胳膊那么粗，细长绵延到天上，顶着一小簇漆黑的树冠。它们数量巨大，如失散的蒲公英种子那样沿海岸生长。

前方几个斜屋顶果真就是世界尽头的唯一旅社。木头的一切，地板、墙壁、桌子，黄铜的风扇叶。陈旧的餐厅里只有我一个人，后来又进来两对喧闹的美国夫妇。来自弗吉尼亚的丈夫们长着"我很笨"的眼睛，穿着海蓝色的花衬衣和尽量体面的浅色休闲裤；他们的妻子一脸农妇潮红，欢天喜地的短卷发。服务生在吧台里卖力地擦杯子，搅拌机像被人吓了一跳似的响起来，厨房里飘出油烟。帮我提行李的男人腼腆地拿着一把比他还老的木吉他进来，站好。他温柔的声音从搅拌机的巨响背景中突围的那一霎把我打包好的情绪一下子扯开，散落得到处都是。他一直在安静地吟唱我听不懂的歌词，如一个先知。

后来，蚊子散开，清晨到来。我挠着身上第387个蚊子包，于是决定离开。沿着来路开回去，发现昨晚竟然从一片洪荒旷野之中穿过。那些粉身碎骨的岩石密布地平铺在海边的平原上，却因为漆黑的颜色和狰狞的形状而让人感觉如此压抑。珊瑚的灰白尸骸遍布岩石滩的缝隙，小孔，褶皱，花纹，这些精致而严谨的尸体拿在手上很轻很轻，轻得仿佛抽走了里面曾经有过的时间。

天上只有唯一的一片云，把车停在这片阳光下的旷野里，我开始相信所有的尽头都有着可见的形状。岩石里长出一棵高大的仙人掌，结着两个艳黄色的饱满果实。我割下它们，自己吃一个，替你吃一个。很清甜，但是，应该如何对待失去了果肉的丰厚果皮？拿着一把小刀，一个果皮，带着一手的黏腻，我站在这条永远没有人、没有车的道路中央，无所适从。

（摘编自《南都周刊》2011年第6期，一清图）

假如我是一个婴孩，我有不出生的权利。世界，你可曾听到我在羊水中的呐喊？

如果我的父母还未成年，我不出生。你们自己还只是一个孩子，稚嫩的双肩能否负载另一个生命的重量？你们不可为了自己幼稚而冲动的短暂欢愉，而将我不负责任地坠入尚未作好准备的人间。

如果我的父母只是萍水相逢，并未期待结成一个牢固的联盟，我不出生。你们的事，请自己协商解决，纵使万般无奈，苦果也要自己嚼咽。任何以为我的出生会让矛盾化解关系重铸的幻想，都会让局面更加紊乱。请不要把我当成一个肉质的筹码，要挟另一方走入婚姻。

如果我的父母是为了权力和金钱走到一起，请不要让我出生。当权力像海水一样丧失，你们可以驾船远去，只有我孤零零地留在狰狞的礁石上飘零。对于这样的命运，我未出世已噤若寒蝉。当金钱因为种种原因不再闪光，你们可以回归贫困，但我需要最基本的生活条件。

如果你们无法以自己的双手来保障我的生长，请不要让我出生。

假如我父母的结合没有法律的保障，我不出生。我并不是特别地看重那张纸，但连一张纸都不肯交给我的父母，你们让我如何信任？也许你们有无数的理由，也许你们觉得这是时髦和流行，但我因为幼小和无助，只固执地遵循一个古老的信条——如果你们爱我，请给我一个完整而坚固的家。

我的母亲，我郑重地向你宣告——我有权得到肥沃的子宫和充沛的乳汁。如果你因为自己的大意甚至放纵，已经在我出生之前，把原本属于我的土地，让器械和病毒的野火烧过，将农田荼毒到贫瘠和荒凉，我拒绝在此地生根发芽。

我的父亲，我严正地向你宣告——如果你有种种基因和遗传的病变，请你约束自己，不要存有任何侥幸和昏庸。你不应该有后裔，请自重和自爱。人类是一个恢宏整体，并非狭隘的传宗接代。如果你让我满身疾病地降临人

# 我有不出生的权利

◎ 毕淑敏

间,那是你的愚蠢,更是我的悲凉。

我的祖父祖母外祖父外祖母,我要亲切地向你们表白。我知道你们的希冀,我也知道血浓于水的传说。可我不能因为你们昏花的老眼,就模糊自己人生的目标。不要把你们的种种未竟的幻想,五花八门地涂抹到我的出生计划书上。如果你们给予我太多不切实际的重压和溺爱,我情愿逃开你们这样的家庭。

我的父母,如果你们已经对自己的婚姻不抱期望,请不要让我出生。不要把我当成黏合的胶水,修补你们旷日持久的裂痕。我不是白雪,无法覆盖你们情感的尸身。你们无权讳疾忌医,推诿自己的病况,而把康复的希望强加在一个无言的婴孩身上。那是你们的无能,更是你们的无良。

我的父母,我并非不通情达理。你们也可能有失算和意外,我不要求永恒和十全十美。我不会嫌弃贫穷,只是不能容忍卑贱。我不会要求奢华,但需要最基本的生存条件。我渴望温暖,如果你们还在寒冷之中,就缓些让我受冻。我羡慕团圆,如果你们尚未走出分裂,就不要让我加入煎熬的大军。

我的父母,请记住我的忠告:我的出生不是我的选择,而是你们的选择。当你们在代替另外一条性命作出如此庄严神圣不可逆反的决定的时候,你们可有足够的远见卓识?你们可有足够的勇气和坚忍?你们可有足够的力量和襟怀?你们可有足够的博爱和慈悲?你们可有足够的尊崇和敬畏?

如果你们有,我愿意走出混沌,久炼成丹,降为你们的儿女。如果你们未曾有,我愿意静静地等待,一如花蕊在等待开放。如果你们根本就无视我的呼声,以你们的强权胁迫我出生,那你们将受到天惩。那惩罚不是来自我——一个嗷嗷待哺的赤子,而是源自你们千疮百孔的身心。

(摘自《今世的五百次回眸》,花山文艺出版社,猪茜熙图)

# 亲爱的沙皮

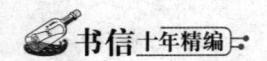

◎ 慕容引刀

亲爱的沙皮：

趁还有力气，我想告诉你，任何决定，都不要在深夜里作出。无论多急，请一定等到天亮，等到阳光再次照耀了大地之后，你再决定也还来得及。

你千万要小心，黑沉沉的夜是有毒的，那里藏着一头叫悲观的巨兽，它的鼻子灵极了，会沿着空气里痛苦的味道找来，一声不吭地贴在你的窗外，用一只幽绿的眼睛一眨不眨地盯着你……

亲爱的表弟，别怕，它伤害不了你。只要你放慢呼吸，安宁得像个观众一样看着自己，还有自己的命运。然后拍拍枕头，平静地睡去。那头巨兽，就会被你挡在你梦乡的城堡之外。放心睡吧。

好了，我要去对付那头巨兽了，我好像已经听到了它低低的喘息。

记住我说的，我爱你。

晚安，沙皮。

亲爱的沙皮：

我还是一如既往地笨手笨脚。就在刚才，我又一次打翻了桌上才喝了一口的咖啡。你就很少会这样。

你上次说起的那个漂亮女生，还是经常出现在你工作的咖啡馆吗？像蝴蝶般翩翩飞来翩翩飘去的那个？你还说起你的朋友们都害怕陷入爱里，你也是。

我不明白，爱情有那么可怕吗？你说的没错！对爱情的确要很小心。我也知道，爱一不小心打翻了，就会变成恨。可是，亲爱的沙皮，你还没好好去爱呢。这世上好像还没听说有不伤人的爱情，但你也不能因为怕受伤，怕自己承担不起就将它拒之门外。

你总不会要穿着盔甲去献玫瑰吧？真遭遇爱情的时候，任谁都是赤手空拳的啊。你遭遇过没有呢？你还相信一见钟情吗？

试一试吧，下次见到让你心动的女生，去问她一声："你相信一见钟情吗？"

如果她回答"不"，那你就再从她面前走过一次好了！

亲爱的沙皮：

我今天醒来觉得很累，因为我昨晚做了一整夜的梦，都是在不停地跑步。

不过，看来你的梦比我更糟糕，一夜的挣扎逃无可逃。

还记得小时候吗？你一个人不敢睡着，瞪着大眼睛说黑糊糊的周围有好多妖怪。一定要我过来在你边上躺着陪你。你很乖，不用我讲什么老得掉了牙的故事，你说你就只想听到我的呼吸。

其实，我一样在听你的呼吸，听你小兽一般毛茸茸的气息。其实，你不知道，替你守着梦乡，会让我充满勇气。

这世界真的很无奈，看着你一路磕磕碰碰满身伤痕地走来，我也无法帮你治愈，但是我在，一直在。我会保持呼吸，在黑夜里，给你一点点活着的慰藉。

（摘自《亲爱的沙皮》，上海人民出版社）

# 豌豆上的公主

○陈丹燕

你小的时候，一定知道安徒生的故事。有一个故事里说到了一个公主。公主迷路进了一个邻国的城堡，邻国的皇宫里没人相信她是公主。为了验证她到底是不是真正的公主，在为她铺床的时候，皇后在许多层厚厚的床垫下面放了一粒新鲜豌豆。

第二天早上起床后，公主抱怨说："是什么东西硌得我整整一夜都没睡好？浑身痛死了。"于是，所有的人都肯定，面前的这个女孩是真正的公主。

那时你听到这个故事，觉得故事里的公主太可笑了，难道她的身体比豆腐还不经碰吗？而现在，14岁到20岁的你，在这一段年龄里，常常也会感觉到豌豆公主的那种不适。

也许，你是从父母那里开始的。一个女孩告诉我，17岁那年，有一天放学，发现妈妈不在家，爸爸说妈妈住院去了，可他没有细说妈妈生了什么要紧的病，只是答应晚上带她去看妈妈。到了医院，她才知道，原来妈妈是意外怀孕了，来住院做人工流产的。她一下子惊呆了。因为她从来没有想到过自己严肃正经、从来不让她看爱情小说的爸爸妈妈，原来还会做出人工流产的事情来。她觉得自己看世界的眼光一下子失去了判断的标准，整整几个月，她都不知道该用什么口气与父母说话。

也许，你是从看到了街角上坐在墙边吹笛子换钱的讨饭的人那里开始的。放学的时候，你路过那个街角，听见有人在吹笛子——现在的都市里，很可能听不到真正的木笛在耳边吹起来的声音了——于是你走过去，看见一个饥饿的人，在他面前摊开着一张纸，纸上写着许多悲惨的事：家乡的洪水、父母的病、自己的病……你这才发现，要是一个人倒霉，会遇到那么多倒霉的事。你这才发现，人生也许是很可怕的事，你开始想自己，想自己也许在某一天会像他一样。

也许，你是从老师身上得到了打击。一个女孩子说，她的英文老师曾是她的偶像。下乡学农的时候，为了和英文老师住在一间宿舍里，她简直费尽了心思。可是就在她如愿以偿的当天晚上，英文老师临睡前刷牙，然后响亮地从喉咙里清出一口痰来，她目瞪口呆地听着偶像发出了普通人在洗脸刷牙时发出来的声音。她说："就是那一声，我心中两年以来的完美偶像哗地一下子，变得粉碎了。"那一声清嗓子的声音，使这女孩子整整两星期学农的时候，都只能躲着英文老师，不能看她，不能和她说话，最后把那位老师弄得莫名其妙而又恼怒难当。

这个年龄，是心头无名火熊熊燃烧的年龄。常常在生活中正常合理的事，在这个年龄的你的眼睛里，都是最亮的闪电，在你的心里，都是摧毁一切的重击。

你从是非分明、色彩温暖、常常会有幸福的故事结尾的童年世界中走出来，开始接触到了真正人生的一小部分，开始了解事物在生活中的真相，比如父母也有情欲，生活有时并不那么公平，偶像原来也是一个凡人，真正的生活就吓住了你。

这时候，你就是那个被大声嘲笑过的安徒生童话里的公主，被点滴生活的小豌豆硌得浑身酸痛，叫苦不迭，让过来人忍不住脸上浮现笑容。这种忍不住浮现的笑容不是嘲笑，而是惊奇地重温那种脆弱的纯真。

（摘自《课外阅读》2009年第13期）

# 致2084

◎冯唐

2084年：

见信好！

我估计不能活着见到你，所以写封信给你，聊聊我希望的你的样子。

第一，希望你有足够干净的食物、水和空气。到了2084年，除了雨雪雷电的日子，天基本是蓝的，日光变化时，人眼能看到这种美丽的光芒。水龙头里流出来的水，基本是可以直接饮用的。粮食、水果、猪肉和牛奶，基本可以不加思索地食用。胆敢在食物上动手脚的奸商基本都被抓起来了，被罚每天只能食用他们贩卖的粮食、水果、猪肉和牛奶。

第二，希望你有符合基本常识的教科书、教师和足够的学校。选教材的时候不要篡改前辈大师们的文字，他们文字里有所谓不洁的东西，不是他们的错，是世界和人类本来就带着喜、怒、哀、悲、恐、惊、贪婪、凶杀等。相信学生，他们有消化能力去面对。教师总体的智力和人格要在中上水平，不能是偏执狂和虐待狂。学校要防火、防震、防踩踏，即使最边远的也有足够的电脑和没有防火墙的宽带。

第三，希望这种教育系统出来的学生，在各自不同的状态下崇尚某些共同的东西：能在生活上和精神上自由自信、独立思考，己所不欲、勿施于人，己所欲，也要和别人商量之后再施于人；熟练掌握小学应用题，能用至少一种外语交流，会背几十首《诗经》里的诗和唐诗，认识几十种动植物，去过十来个国家，知道人体基本结构和男女之间的基本差别；不打骂残疾人，不随地吐痰，不把嚼完的口香糖趁人不注意粘在桌椅底面，不用公器谋私利；有信仰自由，但是远离狭隘，不仅仅是屈尊而就的包容，而是对于他人、异端和未知抱有足够的尊重和敬畏，不因为自己所长而贬低别人；有享受简单快乐的能力：一块糖、一个拥抱、一首诗歌、一个空闲的和家人在一起的夜晚。

第四，希望人人享有医疗保健。使用20%的基本药物和普通仪器，救治80%的疾患。不投入无限资源去消灭死亡，或者过分延长生命，世界上的人口比2010年减少一半。人们注定没有决定出生与否的自由，但是到2084，人们应该有死亡的自由。

第五，希望每个关键的行业都只剩3-5个玩家，有序竞争。尽管不是天天兵荒马乱，但是创造、保护、毁灭的轮回定律还在，还能出现快死了的苹果公司凭一个理念、一个方案、一个人的领导打败微软这样的大毛怪。每年，没有很多物种消亡，但是有几个美好的产品被创造出来，有几幅美妙的画或摄影、几篇美妙的小说或音乐被创造出来，每年都有惊奇让人拍案。

第六，希望到了那个时代，图书馆全年全部免费开放，开架阅读和借阅，不怕损坏和丢失，损坏和丢失不起的图书，提供复印件。所有公园和大学校园都没有围墙。博物馆馆长们普遍具有超越世俗的审美和不逢迎时宜的态度，不把十万块一辆的吉利美洲豹跑车摆到中国国家博物馆的楼道，不把翡翠白菜和红烧肉石当成台北故宫博物院的奇珍。

我不是学社会学的，上述纯属个人臆想，聊为一家之言。我也不知道如何实现，遥祝你：2084，风调雨顺！

（摘自《高中生·青春励志》2011年第22期）